LE CELIBATAIRE
COMÉDIE
Dédiée
à la Reine
par M. Dorat

LE CELIBATAIRE,

COMÉDIE

EN CINQ ACTES

ET EN VERS,

Repréfentée pour la premiere fois par les Comédiens François le 20 Septembre 1775.

NOUVELLE ÉDITION.

A PARIS,

Chez **DELALAIN**, Libraire, rue de l'ancienne Comédie-Françoife.

M. DCC. LXXVI.

SUJET DE L'ESTAMPE.

Dans le Médaillon d'en haut, entrelacé de lys,
& soutenu par l'Amour, on voit un Soleil levant qui
envisage une Aigle, symbole de l'Empire. Dans la
partie inférieure, se jouent différens Génies qui dé-
signent les Arts, ranimés par les rayons & l'influence
d'un Astre bienfaisant. Cette allégorie est si claire,
qu'elle n'a pas besoin d'une plus longue explication.

ÉPITRE

DÉDICATOIRE

A LA REINE.

Astre heureux qui luis sur la France,
Toi, dont les regards indulgens
Feront éclorre les talens,
Et deviendront leur récompense ;
Pour que mon bonheur soit entier,
Reporte-les sur cet Ouvrage ;
De ta faveur daigne appuyer
L'honneur de ton premier suffrage.
Ta présence ajoute au laurier,
Et le respect t'en doit l'hommage.

a ij

Ce Dieu qui garantit les mœurs,
Frere de l'Amour, mais plus sage,
Eut trouvé des contradicteurs,
Chez le François un peu volage ;
Mais aujourd'hui, paré de fleurs,
Et ceint d'une double couronne,
L'hymen, montrant à ses Cenfeurs,
Deux époux heureux fur le Trône,
A repris fes droits dans les cœurs.

O vous, dont les loix fortunées
Nous promettent des jours brillans,
Couple augufte d'époux amans,
Puiffe la main des deftinées
Refpecter vos liens charmans,
Et fi bien enchaîner le tems,
Que vos amours & vos années
Reftent toujours à leurs printems !

RÉFLEXIONS assez raisonnables, pour n'être pas lues.

DE toutes les frivolités courues, prônées, critiquées, oubliées, rien n'est plus frivole qu'une Comédie. Rien de moins important que le succès qu'elle a, ou qu'elle n'a point, que les censures ou les éloges, les adulations ou les injures qui en reviennent à l'Auteur. S'il s'enorgueillit des unes, & s'il se fâche des autres, qu'il cesse d'écrire: à coup sûr, il n'est point Philosophe.

Avant de s'exposer aux hazards de la lice, il seroit bon d'apprécier, à sa juste valeur, même la gloire qu'on doit en attendre; si l'on peut nommer gloire ce bruit confus & sourd de quelques suffrages, qui perce lentement à travers cent mille contradictions.

Ce même Public, qui rassemblé, vous applaudit avec transport, une fois dispersé, vous déchire avec acharnement. Les émotions, ne se communiquant plus, s'affoiblissent. Le lendemain, l'enthousiasme recommence; mais, une heure après, la malignité retourne de nouveau tous les esprits ; car nos esprits se retournent comme on veut.

Des gens graves , pour le progrès des talens & l'édification de la Littérature, vont de maison en maison prévenir quelques bonnes ames de ne pas se fier aux illusions d'un succès *dont on n'étoit pas convenu* , & les aviser, sans qu'il y paroisse , du jugement définitif qu'on doit porter sur l'ouvrage.

Après ce premier choc, reste encore à essuyer celui de ces Pamphlets hâtifs qui avertissent l'Europe des grands événemens des coulisses. Au défaut de vos écrits, on attaque vos principes. Si vos principes sont purs, on cherche à les rendre suspects par vos écrits. D'ailleurs, on ne sait plus trop à quoi s'arrêter. Depuis vingt ans , le goût & la raison sont ensevelis sous tant de productions bizarres, &, qui pis est, admirées, que, de ce fatras obscur, il est assez difficile qu'il s'échappe un foible rayon , qui puisse indiquer la route qu'on doit tenir, ou les écueils qu'il faut éviter.

La fureur des Drames commence à se ralentir : mais il s'est élevé, depuis quelque temps, un tribunal de petits Juges dramatiques, bien exclusifs, bien entêtés de ce qu'ils appellent *le bon genre* : c'est là leur mot. Or, ce bon genre, tels qu'ils l'envifagent, feroit, je crois, une confufion de mouvemens qu'on feroit paffer pour de l'action, une ébauche de caracteres qui fe choqueroient fans fe faire valoir, un cliquetis de fituations qui (n'en déplaife aux amateurs) ne manqueroient pas de fe nuire par leur multiplicité ; car j'ai cru remarquer que, fi l'on étonne par le nombre des effets, on n'attache que par leur vraifemblance. L'indigente profufion des détails ne peut jamais racheter les défauts de l'enfemble & la féchereffe de l'exécution.

Il n'y a de vraie richeffe que dans un fujet fimple. A force d'acceffoires & de fecours étrangers, on n'eft plus libre dans fa marche; on n'a plus de maniere à foi. Il en eft de même des plaifanteries. La recherche les éteint; c'eft leur fimplicité qui en fait le charme. Le bon Plaifant, avec fon ton naturel, avec fa contenance ordinaire, obtiendra les fuffrages : le Baladin, pour arracher quelque effet, aura befoin de fe traveftir. Il faut qu'il ceffe d'être lui, pour tâcher d'être quelque chofe.

L'antiquité dont les Arrêts valent bien ceux de nos modernes Légiflateurs, ne s'eft jamais avifée de comparer les *farces* de Plaute aux Comédies de Térence. En effet, la gaieté de

Plaute est toujours aux dépens du goût, des bienséances & des mœurs. Celle de Térence, au contraire, est puisée dans un choix délicat d'expressions & de sentimens; il occupe l'esprit, il intéresse le cœur : sa morale est pure comme son langage. Il cherche moins à surprendre par la complication d'une fable péniblement tissue, qu'il ne cherche à séduire par la fidélité de chaque caractere, & par cette grace naïve & pure, répandue sur tous ses tableaux. Que m'importe une foule d'incidens qui fatiguent mes yeux, sans rien dire à mon ame?

Les développemens au théâtre, font le secret du génie. Ce fut celui de l'ami de Scipion & de Lélius. C'est encore ce secret si rare qui distingua parmi nous l'estimable Auteur de la Gouvernante, de l'École des meres, de Mélanide. Cet Ecrivain, si décrié pendant sa vie, & contre lequel on a écrit vingt volumes d'injures, pour lui prouver qu'il avoit le plus grand tort du monde d'être à la fois ingénieux & sensible, de mêler, à la peinture de nos ridicules, cet intérêt doux qui rend leur contraste plus piquant, d'ouvrir l'ame à des impressions honnêtes, d'émouvoir sans révolter, de peindre l'amour sous le voile qui l'embellit, de prêter, s'il est possible, un nouveau charme à la vertu.

Qu'opposeront à ce genre, si précieux & si long-temps proscrit, les graves admirateurs de Jodelet, de Dom Japhet, de la femme Juge, de la fille Capitaine, chefs-d'œuvre qui servent à prouver combien l'esprit est peu de chose, quand il n'est point accompagné de cette noblesse, de cette décence, de cette pudeur secrette qui, toute gaieté à part, doit avertir l'Ecrivain de ce qui le dégraderoit aux yeux de son siecle & de la postérité ?

Moliere est sans contredit le premier des Poëtes comiques, anciens ou modernes. Jusqu'ici personne, ce me semble, ne lui a disputé cette prééminence qui, à tout prendre, en vaut bien une autre. Mais soyons justes. S'il n'avoit inventé que les fourberies de Scapin, le Cocu imaginaire, Pourceaugnac, le Mariage forcé, le Médecin malgré lui, le Bourgeois Gentilhomme, la Comtesse d'Escarbagnas, croit-on que sa souveraineté n'eût pas trouvé des contradicteurs ?

Les Femmes savantes, l'Ecole des Maris, l'Ecole des Femmes, l'Avare, le Tartuffe, le Misantrope, Comédie presque sérieuse ; tels sont les ouvrages qui laissent une distance entre lui & ceux qui courent la même carriere.

C'eſt que, preſque par-tout, la morale y eſt en action ; c'eſt qu'ils décelent une connoiſ-ſance admirable du cœur humain ; c'eſt qu'ils attachent par ces traits de vérité qui appar-tiennent à toutes les nations, qui ſont de tous les temps, de tous les lieux ; ces traits inimi-tables qui font à la fois rire & penſer, que Regnard lui-même a rarement ſaiſis, que l'on retrouve quelquefois, mais avec moins de naturel, chez l'ingénieux Dufreſni ; qui ont diſparu avec le bon ſens de Deſtouches, & qu'enfin, notre petite maniere métaphyſique & profondément ſuperficielle, n'eſt pas faite pour reſſuſciter.

Ce ne ſont point les *farces* de Moliere qui en font un grand homme. Il eſt certain qu'il ne doit ce titre qu'à cinq ou ſix Pieces du premier ordre ; mais il n'eſt pas moins vrai que, dans les productions, qui lui étoient ſuggérées par le caprice, ou ſurpriſes par la complaiſance, il a toujours ſoin, pour ſe réconcilier avec les bons eſprits, peut-être avec lui-même, de ménager quelques-unes de ces touches frappantes qui trahiſſent l'Ecrivain ſupérieur, obligé de deſcendre & de ſe plier aux cir-conſtances, ſouveraines des Sages & des Fous, des Moraliftes, des Politiques, des Guerriers, des Rois, de leurs Miniftres, & des Faiſeurs de Comédies.

On peut dire encore à la juſtification de Moliere, ſi toutefois il a beſoin d'être juſtifié, qu'il travailloit pour un ſiecle bien différent du nôtre.

Le luxe alors ne confondoit pas tous les Etats. Il y avoit deux Publics bien diſtinɛts, dont les goûts l'étoient auſſi. Les gens de la Cour & la bonne Compagnie de la Ville, compoſoient l'un ; l'autre étoit formé de ce qu'on appelloit la Bourgeoiſie, qui conſervoit dans ſes mœurs une ſimplicité qu'elle a perdue. Pour concilier les ſuffrages de Speɛtateurs auſſi différens par les uſages & par l'éducation, il falloit néceſſairement des tableaux tout-à-fait oppoſés, des nuances abſolument diſparates. Montauſier adoroit le Miſantrope ; le Parterre ſe paſſionnoit pour le Médecin malgré lui. Moliere ſeul avoit le ſecret de ſatisfaire à tous les caprices, de contenter tous les Eſprits. De nos jours, rien n'eſt plus inſenſible que la limite qui les ſépare : ils ſemblent jettés dans le même moule, & ſoumis aux mêmes combinaiſons.

La Philoſophie moderne, bien reſpeɛtable

d'ailleurs, sans remédier à la misere de fait, a introduit une égalité de mots, une égalité factice qui, n'ajoutant rien aux lumieres, a multiplié les prétentions. Des Sociétés très-subalternes, & qui sembleroient devoir être les plus étrangeres à ce qu'on appelle *bon ton*, en ont l'orgueil, l'émulation ou la singerie. Je ne sais quel vernis d'élégance, répandu sur les mœurs générales, influe sur le caractere des ouvrages, sur-tout, des ouvrages dramatiques.

Tandis que certains maris s'occupent, dans le comptoir, des détails de leur commerce, leurs femmes, qui ne s'avisent point de déroger jusques-là, reçoivent dans le sallon, ont un cercle, tiennent bureau d'esprit, renchérissent sur les modes, rafinent sur les bons airs, s'emparent de tous les ridicules un peu distingués; & l'on voit, le même jour, à la même heure, dans la même maison, contraster le tracas de la roture, & le faste de la qualité. Qu'arrive-t-il ? Tous ces gens-là, rassemblés dans nos Salles de Théâtre, veulent retrouver sur la Scene, ou ce qu'ils font, ou ce qu'ils affectent d'être. Ils exigent une sorte de dignité, même dans leurs plaisirs; & de l'excès du luxe, de la confusion des rangs, du peu de différence qui se trouve entre les goûts, & les esprits des différentes claſſes deSpectateurs, réſulte une ſenſation uni-forme, que réveillent ſur-tout les ouvrages, qui les remettent au courant de ce qu'ils voient, de ce qu'ils éprouvent, du ton qu'ils donnent ou qu'ils imitent, de leurs intrigues, de leurs ha-bitudes, de ce qu'ils nomment leur tourbillon.

La baſe d'une bonne Comédie eſt toujours la même ; c'eſt-à-dire, l'expreſſion vraie des caractères, la peinture exacte des ridicules, la correction des mœurs, par le ſecours d'une action neuve & vraiſemblable. Le fond de l'art doit être invariable ; ce ſont les formes qu'il faut changer.

Si Moliere lui-même reparoiſſoit parmi nous, je ne ſuis pas éloigné de croire qu'en dépit du bon genre, il n'adaptât ſon génie aux convenances du ſiecle, qu'il ne préférât à une exagération purement comique, la fineſſe & la force qui brillent à la fois dans ce Miſan-trope, ſi ſimple & ſi ſublime ! Que ſait-on ? Peut-être alors ſeroit-il encore plus parfait, & Boileau même n'auroit rien à dire.

Pour fixer les bornes d'un genre, il faudroit pouvoir fixer le caractere d'un peuple. Les arts éprouvent néceſſairement des variations, d'a-près les nuances nouvelles qui ſe gliſſent dans les mœurs, dans les Eſprits, dans les Gou-

vernemens ; enfin , dussé-je proférer un blaf-
phême , je soutiens que le regne de la Comédie bouffonne * doit être à-peu-près fini , &
cela , par des raisons supérieures à tous les rai-
sonnemens.

Quoi qu'il en soit, la Scene, pour reprendre
sa splendeur, a besoin d'une révolution dans
tous les sens. Sans compter les difficultés de
l'art, qui suffiroient seules pour effrayer , les
circonstances , soit qu'elles soient naturelles ,
soit qu'on y ait aidé , en ont fait naître de
nouvelles , qu'on ne pouvoit guere prévoir,
& qui pourront fort bien anéantir l'Art drama-
tique en France , si l'on néglige de s'en oc-
cuper.

Jamais la manie du Théâtre n'a été plus
universelle. Tous nos jeunes gens , séduits par
son éclat, par la célébrité rapide qu'il pro-

---

* Par la Comédie bouffonne, j'entends celle qui n'est que
cela. J'aime peut-être plus qu'un autre , ces pieces d'un
genre piquant & vif, où percent, à travers les saillies d'une
gaieté originale, des lueurs d'intérêt , & même des finesses
de sentiment. De ce nombre , est le Barbier de Séville ,
ouvrage plein d'esprit, de verve , & de mots qu'on re-
tiendra. C'est l'Imbroglio des Espagnols, assaisonné de tout
le sel de l'enjouement françois.

cure, dirigent de ce côté leurs travaux & leurs
espérances. Peut-être en est-il quelques-uns,
parmi eux, dont les talens ne demandent, pour
s'élever, que les risques brillans de la repré-
sentation, & le vif aiguillon des applaudisse-
mens. Mais que deviendra ce germe précieux,
si rien ne l'aide à se développer, s'il languit
dans une trop longue attente ; si, ne pouvant
se produire au-dehors, il se consume par cette
énergie même qui devoit le conduire à sa ma-
turité ?

Je n'ai point envie de renouveller contre les
Comédiens toutes les injures qu'on leur a dites.
Comme leur état, qui semble annoncer des qualités brillantes, n'exclut assurément pas celles qui
sont estimables, il me paroît fort susceptible
d'égards, d'encouragement & de considéra-
tion. Je me permettrai cependant quelques
légeres remarques que le public a faites avant
moi.

Ils ont à-peu-près quarante ouvrages reçus
& inscrits sur leur regiftre, pour être repré-
sentés dans l'année de grace.... qui leur conviendra, & il faut avouer que cela est sujet à
discussion.

Leur négligence, involontaire sans doute,
à remplir leurs engagemens, avoit fait songer

à la création d'une seconde Troupe. On s'eſt beaucoup débattu ſur les avantages d'un pareil projet ; pour moi, (& que fait mon avis) j'ai le malheur d'y voir quelques inconvénients. Sans la foule des raiſons que je pourrois alléguer, je demande ſeulement où l'on trouvera des Acteurs pour former deux Troupes ſupportables, quand nous ſommes ſi loin, ſi loin d'en avoir une ! je demande ſi les mêmes rivalités, les mêmes cabales, les mêmes fureurs qui, dans le dernier ſiecle, ont forcé Louis XIV d'abolir l'un des deux Théâtres, ne ſe reproduiront pas avec une égale vivacité, lorſqu'on aura l'imprudence d'en rétablir la cauſe ? enfin, au lieu de la nouvelle Troupe, objet de tant de vœux & de ſollicitations, je demande encore s'il ne ſeroit pas plus avantageux de réformer l'ancienne, ſur-tout, de l'aſſujettir à des réglemens que chaque amour-propre ne fût pas maître d'interprêter à ſa fantaiſie, & qui ne laiſſaſſent aucun ſubterfuge à la pareſſe, au caprice, ou à la mauvaiſe volonté ?

A tout hazard, je ſuppoſe qu'on voudroit bien y conſtater avec tant de ſoin les droits des hommes eſtimables qui conſacrent leurs veilles au Théâtre qu'il n'y auroit plus de démêlé ſur cet article. Quand

Quand je parle de leurs droits, j'espere qu'on me dévine. Le premier, le seul trésor de l'Ecrivain qui se sent né pour atteindre aux palmes de la Scene, est cette ivresse, cette indépendance si fiere, ce désintéressement si noble & si peu connu, où il puise ces traits profonds ou délicats, ces mouvemens passionnés, ces expressions, cette ame de feu, cette vie, & ce ton vrai qu'il prête à ses personnages.

Les réglemens dont il s'agit, une fois bien rédigés, bien fixés, sur-tout bien observés, tout reprendroit son cours, à quelques changemens près, qui s'offriront d'eux-mêmes ; car c'est une matiere que je n'ai garde de vouloir approfondir. J'en vois si peu d'ailleurs qui méritent d'être traitées sérieusement, que je trouve bien plus de philosophie à se jouer sur les objets, qu'à les discuter avec gravité. Qu'ils sont dupes, ceux qui mettent de l'importance à ce tableau mouvant de la Société, aux ombres très-fugitives qui passent & repassent sur son Théâtre, aux systêmes, aux rêveries, aux cabales, aux opinions, à tous ces riens imperceptibles qui nous amusent quelquefois, nous contrarient souvent, & nous agitent toujours. Une fois pour toutes, regardons cette vie , comme une fuite d'illufions , de folies, de bonheurs apparents, de malheurs exagérés, une œuvre, en un mot, bien fantaftique, bien fotte, fur-tout bien rifible, fans même en excepter le dénouement, qui ne nous enleve que du bruit, des mots, de la fottife & des erreurs. Revenons : où en étois-je ? à l'efpece d'anarchie qui bouleverfe la Scene Françoife, & dont il eft effentiel , dit-on, d'arrêter les progrès. Je me fuis bien moins écarté que je ne l'aurois cru : la Comédie dont je parlois , va naturellement me ramener à l'autre.

Pour remédier à l'un des vices qui la menacent d'une décadence très-prochaine , feroit-il fi étrange que chaque Chef d'emploi , (je me fers des grands mots,) eût un double, ou deux pour le remplacer dans l'occafion, fans exciter ces tumultueufes rifées qui ne laiffent pas que de déranger l'enfemble, principalement des Tragédies ? Ne feroit-ce pas encore une idée affez heureufe, de ne point furcharger la lifte des Acteurs de ces ordres d'effais éternels , qui multiplient des fujets plus qu'inutiles & tout-à-fait difgracieux pour les Spectateurs, qu'il faudroit commencer à compter pour quelque chofe dans les innovations ? De plus, (ce font toujours des doutes que je propofe) ne feroit-il pas convenable que des Acteurs, accueillis & fêtés par le Public de Paris, n'allaffent point, efcortés de leur gloire, lever tous les ans un tribut d'admiration fur le Public des Provinces ?

Quant à l'amas prodigieux de nos chefs-d'œuvre en retard, expofés d'avance à la comminifération publique, fur le noir tableau des foyers, de ces enfans morts-nés, enfevelis dans les *limbes* jufqu'au jour *du jugement*, je crois avoir trouvé un moyen affez fimple d'accélérer *leur délivrance*.

Les Comédiens ne pourroient-ils pas jouer les Dimanches, les Mardis, les Jeudis, les Vendredis, toutes les Pieces de leur ancien fonds, & confacrer, dès ce moment-ci, ce qu'ils appellent les grands jours, à leurs vieilles nouveautés, jufqu'à ce qu'ils aient épuifé ou du moins allégé leur magafin ? Où feroit l'inconvé-nient d'étudier toujours à la fois une Comédie, fût-elle du genre affligeant, & une Tragédie, eût-elle quelque difpofition à être plaifante ? Pendant cette double étude, où feroit la difficulté d'écrire aux Auteurs des ouvrages qui fuivroient, de faire copier leurs rôles, d'en rifquer la diftribution , de fe tenir fur leurs gardes , & de fe recommander à leurs amis ? Par cet arrangement, qui ménageroit quelques paffe-tems agréables à tant d'honnêtes oififs, il y auroit toujours quatre Pieces en train , quatre chûtes à efpérer , & , (que fait-on ?) peut-être un ou deux fuccès à détruire. Je me figure qu'il ne feroit pas non plus tout-à-fait inutile d'enjoindre aux Acteurs, fuffent-ils des Rofcius ou des Baron , de ne jamais refufer un rôle de leur emploi , quelque médiocre qu'il fût. Dès que les Comédiens ont accepté une Piece , ils en deviennent les organes ; ils n'en font plus les Juges.

Tout cela feroit d'une très-facile exécution, fi l'habitude des abus , même fentis , ne l'emportoit pas encore long-tems fur la conviction des avantages. La coutume eft à la fois le plus inflexible & le plus fot des tyrans. Le mal invétéré a force de loi. La recherche du bien effarouche , celle du mieux effraie ; & , fur ce foible là , je parierois que les Comédiens ne font guere plus fages que les autres hommes. Voilà dix ans que le Public fe plaint , qu'ils fe plaignent eux-mêmes des vices de leur confti-tution , de l'infupportable monotonie de leur répertoire, de l'intérieur orageux de leur gouvernement; & voilà dix ans que tout va du même train.

Cela me rappelle un conte que fait Montagne, que je cite avec plaisir, parce qu'il est gai, quoiqu'il soit philosophe.

» Une femme de village ayant appris de » porter & caresser un veau, dès l'heure de » sa naissance, & continuant toujours à ce » faire, gaigna cela par l'accoutumance, que » tout grand bœuf qu'il étoit, elle le portoit » encore ».

Cette historiette, qui vaut bien une pensée du sombre Pascal, est la critique de la plupart des Sociétés. Elle termine à merveille des réflexions jettées sans ordre, sur-tout sans conséquence, des idées que je hasarde, mais que je ne défends point, & dont on fera le profit qu'on voudra, ou les satires qui conviendront. Utile ou non, j'écris ce qui me vient. Au reste, l'intérêt personnel ne m'a point dirigé dans tout ceci. Je n'ai été *joué* que trop souvent. J'ai parlé, le moins ennuyeusement qu'il m'a été possible, pour une foule de jeunes Athletes qui, depuis six ans, se pressent autour de la carriere, sans y pouvoir entrer. Ils poursuivent une chimere ſans doute ; mais c'eſt tout qu'une chimere qu'on aime. Il me paroît aſſez juſte que, ne voulant, pour récompenſe, qu'un éclair de cé-lébrité , ſouvent ſource de bien des peines , ils ſoient libres au moins d'être malheureux à leur maniere , & de ſe tromper comme il leur plaît.

LETTRE

QUI indique les changemens qu'on a faits à cet ouvrage , & dans laquelle on tâche de répondre à quelques objections.

VOTRE Lettre m'a fait un plaifir extrême. Rien n'eft plus intéreffant qu'un Solitaire tel que vous. Vous avez vu le tourbillon ; vous en avez ri, vous l'avez apprécié, & le fouvenir vous en refte pour amufer vos loifirs & votre philofophie. Pour moi, quoiqu'au milieu du tumulte, je n'y participe guere. Je vis chez moi, ou avec quelque s amis, plus folides que brillans : je m'occupe des Lettres, fans m'en laiffer tyrannifer. Dans le féjour des cabales, j'ai confervé le calme : elles ne m'ont pas tout ôté.

Je fuis touché de tout ce que vous me dites de ce malheureux Célibataire, qui s'eft attiré tant de reproches. A peine a-t-il entrevu le jour, qu'on l'a traité, comme fi vraiment il étoit un bon ouvrage. Pour moi, j'ai le bon efprit de n'en rien croire. Ma vanité eft auffi lente que mes Cenſeurs ſont alertes. Quoi qu'il en ſoit, j'aime mieux vos critiques que vos éloges. Les uns me flattent ; les autres peuvent m'éclairer ; c'eſt ce que je demande. Perſonne, je le ſens, n'a plus beſoin que moi de lumieres & de conſeils. Je vois trop vîte, pour voir toujours bien, & je ſuis encore très-loin de connoître, à fond, cet art ſi frivole de faire des Comédies.

D'après cela , voudrez-vous me permettre quelques légeres diſcuſſions, à meſure que vos remarques les feront naître ? Ce n'eſt point l'amour-propre qui répond ; c'eſt la modeſtie qui cherche à s'inſtruire.

» Je ne ſais ſi je me trompe ; mais peut-être » aurois-je mieux aimé, dites-vous, que Sain- » gérans fût le rôle dominant de la Piece. »

J'avois penſé comme vous dans ma premiere eſquiſſe. L'exécution m'a découragé. Qu'im-porte que l'on ramene un libertin ſexagénaire, qui acheve triſtement ſon rôle d'inutile, & dont la correction ne pourroit être d'aucun avantage, puiſque perſonne ne s'y intéreſſe, & qu'il ne s'intéreſſe à perſonne ? Ce tableau, je crois, n'étoit qu'affligeant, ſans aucun pro-fit pour les mœurs. Je me ſuis retrouvé à mŏn aiſe, quand, rejettant le vieux garçon ſur le ſecond plan, il m'a ſervi à montrer dans une perſpective ſombre, le dégoût, l'ennui, l'abandon, l'inquiétude d'un eſprit vague, les langueurs d'une ame éteinte, tous les inconvéniens du célibat. Ce contraſte, dont j'ai eu la bonne foi de m'applaudir, m'a paru devoir rendre plus piquant encore le ridicule de mon principal perſonnage. C'eſt ſur des motifs délicats que j'ai appuyé ſon ſyſtême, afin qu'on deſirât davantage de l'y voir renoncer. Je l'ai pris à l'époque où il eſt important de le guérir ; dans cet âge où l'eſprit a tout ſon reſſort, l'ame, toute ſon énergie, où les ſyſtêmes peuvent être dangereux, conſéquemment, où les retours peuvent être utiles. Je n'avois pas imaginé qu'on dût le traiter de *Jouvenceau*, parce qu'il eſt aimable, amoureux & jaloux. Les paſſions & les agrémens n'ont jamais dégradé un caractere. Un homme de trente-ſix ans, affermi dans ſes idées, ſuſceptible de réſolutions fortes, de raiſonnemens ſuivis, du ſacrifice de ſes plus cheres impreſſions, eſt, ſelon moi, beaucoup plus célibataire, qu'un Podagre bien déſœuvré, bien blâſé, bien exténué, qui ſe dément, qui ſe plaint, qui s'ennuie, qui n'a plus, de ſon premier plan, que le regret d'avoir mal choiſi, l'envie tardive de fe dédire , la honte de ne tenir à rien , & l'impuiffance de réparer.

D'après mes foibles idées , je me figurois avoir trouvé le feul point de vue fous lequel on pouvoit hafarder cette piece fur la Scene. Tous les autres me paroiffoient impraticables ; & , fi c'eft une erreur , il ne falloit pas moins que vous, pour m'en tirer.

Vous m'objectez que la manie du célibat, n'eft qu'une opinion, & non un caractere.

Eh! bon Dieu! mon cher Comte, je me fuis dit cela avant d'écrire le premier vers de la Piece. J'ai fait plus, je l'ai fait dire à l'un des perfonnages.

Eh ! ne te vante pas d'avoir un caractere.

Je trouve, dans cette critique même, l'ex-cufe du dénouement, fur lequel vous paroiffez avoir quelque incertitude. C'eft juftement, parce que j'attaque une opinion, que j'ai pu la rectifier, fans manquer à la vraifemblance. On ne change point en vingt-quatre heures un caractere primitif , imprimé par la nature , & fortifié par l'habitude : mais on réforme un travers, on détruit un préjugé ; fur-tout, lorf-qu'on a eu l'adreffe , j'ofe le dire, de le mettre aux prifes avec un fentiment.

Vous voudriez que je miffe pour titre , *le*

Célibataire corrigé. Et pourquoi cela ? Le titre feroit faux : Terville eft entraîné , fans être convaincu, il eft fubjugué par fes émotions , fans déroger à fes principes.

Le fentiment m'éclaire , & feul m'a corrigé.

Peut-être vous défierez-vous d'un mari qui fembloit auffi prévenu contre le mariage; mais auffi, pour tranquillifer fur cet article , ai-je donné à Terville toutes les qualités d'un honnête homme. Son cœur eft tendre , fenfible , bienfaifant , généreux , & c'eft à fon cœur qu'il obéit. Il réfifte à l'amour qu'il reffent ; il cede à celui qu'il infpire ; & , comme dans tout le cours de la piece, il a laiffé échapper, à travers fon fyftême, les irréfolutions, les combats , les vœux fecrets d'une ame délicate & paffionnée , on ne tremble point pour le fort de Julie. On fait que Terville , en la facrifiant, l'adoroit. On a joui de fes tourmens , de fa douleur, quand on l'a vu fur le point de l'enchaîner lui-même & de la perdre pour jamais. C'eft un martyr de la philofophie du jour , ramené à la nature par la fenfibilité , l'amour & la vertu.

Quant à l'intrigue de M. & de Madame de Verfeuil , il étoit impoffible de la laiffer dominer davantage, fans nuire à l'enfemble. Si j'avois fait cette faute-là, l'acceſſoire l'eût emporté ſur le fond. J'avois manqué mon but. Saingérans montre à Terville les ſuites affreuſes du célibat; M. & Madame de Verſeuil lui prouvent que l'on peut trouver des charmes dans un lien bien aſſorti : voilà ma double intention remplie. Qu'on faſſe mieux, rien n'eſt plus facile. Pour moi, je n'en ſais pas davantage.

Au reſte, je vous envoie la ſeconde édition de cet ouvrage, avec quelques changemens que j'ai cru néceſſaires, d'après l'impreſſion du Public qui trompe cent fois moins que tous les raiſonnemens des Journaliſtes.

J'ai mis, ou du moins je crois avoir mis plus de gaieté dans la Scene, entre Saingérans & Terville, qui termine le troiſieme acte. J'ai refondu entiérement celle entre Verſeuil & Julie, par laquelle le même acte débutoit. J'ai refait, toujours dans le troiſieme, quelques vers du monologue de Verſeuil.

Dans la premiere Scene du quatrieme, qui étoit longue & froide, j'ai profité davantage de la ſituation de Madame de Verſeuil, & l'effet en doit être aſſez piquant au Théâtre. Dans le même acte, ſe trouve une Scene entre Madame de Verſeuil & Terville. Elle n'étoit point aſſez développée : le motifen étoit vague. Je l'ai retravaillée avec le plus grand ſoin· Au cinquieme acte , j'ai tâché de donner plus de force au couplet par lequel Montbriſſon répond à Terville. Cet endroit me rappelle un reproche que vous me faites encore. » Les » raiſons du Célibataire , dites-vous , ſont » plus fortes que celles de Montbriſſon. »Je n'avois garde de faire autrement. Leur Scene n'eſt autre choſe que le triomphe du ſentiment ſur la force du ſyſtême. Terville déploie toutes les reſſources de ſon eſprit. Montbriſſon prend toutes ſes armes au fond de ſon cœur. L'un raiſonne, l'autre pleure , & le raiſonnement eſt vaincu par les larmes.

Pardon , mille fois pardon, ſi j'ai fait une ſi belle défenſe contre vous. Mes premieres idées me ſont revenues en vous écrivant , & j'étois un peu ſurpris, après les avoir méditées ſi long-temps, qu'on les trouvât auſſi dépourvues de ſens commun. Une autre fois , pour réuſſir mieux , je réfléchirai moins.

Au reſte , vous m'avouerez qu'il ne falloit pas juger, avec cette rigueur, un premier eſſai dans le genre de la haute Comédie. Il eſt aſſez difficile , pour qu'on y faſſe des fautes , mais auſſi, pour qu'on ait le droit de compter ſur quelque indulgence. Comme les critiques avoient précédé l'impreſſion de l'ouvrage, convenez encore que la trace vous en étoit reſtée. Quand mes propres idées vous ſont parvenues, elles ont eu à vaincre celles qu'involontairement vous aviez priſes. Tous mes dé- . fauts me reſtoient, & j'avois de plus à lutter contre les préventions ; car on ſe prévient par intérêt comme par animoſité. Il eſt pourtant aſſez ſingulier que je n'aie pu ni dû profiter d'une ſeule des remarques de mes Cenſeurs.

Tous mes changemens portent ſur des Scenes, ou qui retardoient l'action par leur monotonie, & ils n'en ont rien dit ; ou, qui n'étoient point auſſi gaies qu'elles pouvoient l'être, & ils n'en ont rien dit ; ou qui ſe répandoient en détails oiſeux, au lieu de ramener à la ſituation, & ils n'en ont rien dit. Ils ſe ſont déchaînés contre le caractere de Terville qui, ſûrement, eſt le meilleur. Ils ont attaqué le ſtyle, dont, en général, le Public a paru ſatisfait. Ils ont blâmé le dénouement, qu'on eſt unanimement convenu d'approuver. En un mot, ils ont dit tout ce qu'il ne falloit pas, & ils ont eu grand ſoin de taire tout ce qu'il falloit dire. Pourquoi cela ? C'eſt que la précipitation des jugemens, en ôte la ſolidité. Ce n'eſt pas en vingt lignes de proſe , écrites à la hâte , qu'on peut apprécier le mérite d'une Piece de Théâtre, fruit laborieux de beaucoup de combinaiſons. Pour prononcer affirmativement, comme on fait aujourd'hui , il faudroit joindre à un examen réfléchi, une connoiſſance profonde de l'art & des modeles.

Un Journaliſte, qui prétend à quelque gloire, devroit , comme Bayle , ſe détacher de tous les miſérables petits intérêts étrangers aux écrits ; & tenant, comme lui , la balance de l'impartialité , être à la fois homme de goût, Littérateur & Philoſophe.

Mais c'eſt trop vous entretenir de toutes ces minuties littéraires , de Pieces, de critiques , de moi ſur-tout. J'abhorre l'égoïſme , les Egoïſtes , & tout ce qui s'enſuit. Si j'avois eu quelque diſpoſition à l'orgueil , rien ne m'en auroit corrigé , comme celui de certaines gens. Souvent la meilleure leçon pour ſoi , eſt le ridicule qu'on apperçoit dans les autres.

Vous trouverez, à votre retour, bien du changement dans ma façon de voir & de juger les hommes. Je ſuis devenu preſque Miſantrope : Je crois y avoir gagné. J'en ſerai meilleur ami , & peut-être même en ſerai-je plus aimé. Ce n'eſt qu'en recueillant ſes affections , qu'on les rend plus tendres & plus précieuses à ceux qui en sont l'objet. La dissipation endurcit l'ame ; elle s'ouvre dans la solitude, & ne s'épanche que dans l'intimité. Vous devez vous reconnoître à ce tableau : mon cœur y décrit les plaisirs du vôtre. Quand revenez-vous ? Notre cher . . . . vous attend avec l'empressement de l'amitié qui a besoin de consolation. Il souffre toujours. Son état m'afflige, & son humeur, toujours égale, malgré ses indispositions, toujours douce, malgré les injustices, est une leçon pour moi, aussi attendrissante qu'elle est utile. Adieu, Monsieur le Comte . . . . Je suis, &c.

LE CÉLIBATAIRE,
COMÉDIE
EN CINQ ACTES ET EN VERS.

PERSONNAGES.

<table>
<tr><td></td><td>ACTEURS.</td></tr>
<tr><td>TERVILLE, Célibataire.</td><td>M. Molé.</td></tr>
<tr><td>MONTBRISSON, son Oncle.</td><td>M. Brizard.</td></tr>
<tr><td>Le Comte de VERSEUIL.</td><td>M. Larive.</td></tr>
<tr><td>M. DE SAINGÉRANS.</td><td>M. Préville.</td></tr>
<tr><td>Mad. DE VERSEUIL.</td><td>Mad. Préville.</td></tr>
<tr><td>JULIE.</td><td>Mlle. Doligni.</td></tr>
<tr><td>NÉRINE.</td><td>Mlle. Fanier.</td></tr>
<tr><td>LAFLEUR, Valet de Terville.</td><td>M. Dugason.</td></tr>
<tr><td>Un LAQUAIS de Verseuil.</td><td></td></tr>
<tr><td>Un autre LAQUAIS de Montbrisson.</td><td></td></tr>
</table>

La Scène est à la Campagne, dans le Château de Montbrisson.

LE CÉLIBATAIRE,

COMÉDIE.

ACTE I.

La Scène représente un Vestibule, terminé par un Jardin.

SCENE PREMIERE.

VERSEUIL, *seul.*

ELLE n'a point paru !... j'ai beau me consulter,
De moment en moment, tout sert à m'agiter.
De chez Durfé sa sœur ma femme est revenue,
Cette nuit !... je souhaite & redoute sa vue.
Du Marquis de Rosanne on la croit veuve ici.
Mon cruel Oncle est seul auteur de tout ceci.
Lui seul de mon Hymen prolonge le mystere ;

A ij

Et ma femme.... elle veut que je cherche à lui plaire,
Exige le secret, m'en a fait un devoir.....
Enfin, après six mois, je vais donc la revoir !

SCENE II.

VERSEUIL, un VALET *qui entre précipitamment.*

VERSEUIL.

Eh bien ! où vas-tu donc, & quelle impatience....?

LE VALET.

On a sur l'enveloppe écrit, en diligence....
Lisez.....

VERSEUIL.

(à part.)

Eh ! donne donc. De Terville ! comment !...
Va, sors.

LE VALET.

Ne faut-il pas ?

VERSEUIL.

Point de raisonnement.

Le Valet sort.

SCENE III.

VERSEUIL, *seul*, *lisant la lettre*.

« J'ARRIVERAI peut-être aussitôt que ma Lettre :
» Mais près de Montbrisson crains de me compromettre,
» En me désavouant de tout ce que j'ai fait.
» Verseuil, un tel Hymen te convient tout-à-fait ;
» Ton intérêt le veut, l'amitié le desire,
» Et j'ai dit, en ton nom, tout ce qu'il falloit dire ;
» Si tu n'en as rien su, c'est un soin de ma part ;
» Je n'osois d'un espoir te flatter au hasard.
» Je voulois te surprendre en risquant ces avances,
» Et le succès peut seul couvrir mes imprudences. »
  (*A lui-même.*)
Et voilà justement d'où naît mon embarras ?
Je tremble de parler . . . . ou de ne parler pas.
Quoi ! . . . d'honneur, je m'y perds, j'aime, l'Hymen me lie,
Et l'on compte sur moi pour épouser Julie !
Très-bien ! aussi Terville a-t-il perdu le sens ?
Prendre pour cet Hymen les soins les plus pressans,
Lui, de la liberté, défenseur intrépide ! . . .
  (*Après une pause.*)
Faire un sort à Julie est ce qui le décide.
Que ne l'épouse-t-il ?
    (*Appercevant Nérine.*)
  Ah ! me voilà perdu.

SCENE IV.

VERSEUIL, NÉRINE.

VERSEUIL.

Vous écoutiez, je crois.

NÉRINE.

           Je n'ai rien entendu.
J'entrois...mais auriez-vous quelque chose à m'apprendr
Tout ce que vous voudrez, je consens à l'entendre.
Je suis prête, parlez.... que dis-je ? en ce momen
Ce qui doit se passer, se devine aisément.

VERSEUIL.

Encore ?

NÉRINE.

     Il est très-clair que vous aimez Julie.
Toujours, avant la noce, on aime à la folie ;
Mais, tout prêt d'épouser, & de se voir lié,
Le plus heureux Amant n'est heureux qu'à moitié :
Sur les cœurs qu'il soumet l'Hymen agit d'avance
Et, même avant sa chaîne, on sent son influence ;
On s'inquiete, on rêve, on songe à son destin,
Et l'on est, comme vous, éveillé plus matin.
A propos, pour la Fête, un témoin nous arrive,
Une femme agréable, une veuve assez vive,
Madame de Rosanne.

VERSEUIL, *avec un empreſſement inquiet.*

Oui ? l'aime-t-on ici ?

NÉRINE.

Que vous importe à vous ?

VERSEUIL.

C'eſt pour être éclairci...

Et Nérine, du moins, la trouve-t-elle aimable ?

NÉRINE.

Mais elle eſt moitié gaie & moitié raiſonnable.
Moi, je n'y connois rien, & vous en jugerez.
Penſez-en bien du mal : vous me le confierez.

VERSEUIL.

Oui : comptez là-deſſus.

NÉRINE.

On dit qu'elle eſt jolie.
Chez nous depuis cinq mois elle s'eſt établie.
À peine elle connut Monſieur de Montbriſſon,
Qu'elle vint à Paris loger dans ſa maiſon ;
Lui, jamais il n'avoit entendu parler d'elle.
La Dame a du babil, de certains airs de zèle,
Et vîte pour Julie on demande ſes ſoins ;
J'avois peu de crédit, il m'en reſte encor moins.
Voilà ce que je ſais.... & ce que je préſage,
C'eſt qu'elle accourt exprès pour votre mariage ;
Il va la réjouir.

VERSEUIL, *à part.*

Je doute de cela.

A iv

NÉRINE.

La Marquise aime assez tout ces incidens là.

VERSEUIL, *à part.*

Oh ! celui-ci, je crois, n'est pas fait pour lui plaire.

NÉRINE.

Pourquoi donc parler bas ? autant vaut-il se taire ?
C'est-elle . . . . .

VERSEUIL.

Dieu ! je fuis !

NÉRINE.

Je vous en sais bon gré.
Montbrisson l'accompagne, il en est enivré.

VERSEUIL, *à part.*

Sortons : malgré ma joie & mon impatience,
Je dois, pour le moment, éviter leur présence.
(*Il sort. Nérine se retire lentement, & regarde*
Madame de Verseuil avec humeur.)

SCENE V.

La Comtesse de VERSEUIL *sous le nom de la*
Marquise de ROSANNE, MONTBRISSON.

MONTBRISSON.

A H ! je vous attendois avec empressement :
Pour la tendre amitié, l'absence est un tourment.

J'avois befoin de vous , j'ai du chagrin. Julie ,
De jour en jour, fe livre à fa mélancolie ;
Cette enfant m'inquiete , & fa moindre douleur
Ne peut être , Madame , étrangere à mon cœur.

Mad. DE VERSEUIL.

Son Pere n'écrit point ; elle y fonge fans ceffe ;
Voilà peut-être auffi l'objet de fa trifteffe.
A-t-elle enfin reçu de fes nouvelles ?

MONTBRISSON.

       Non :
Ce filence m'allarme , & c'eft avec raifon.
Quel ami j'ai perdu !

Mad. DE VERSEUIL.

     Puis-je , fans imprudence,
Demander le motif d'une fi longue abfence ?
Ce qui vous intéreffe a droit de me toucher.

MONTBRISSON.

Son malheur eft de ceux qu'on ne doit pas cacher.
Dorival , (c'eft le nom du Pere de Julie) ,
Dans un pofte éminent honoroit fa patrie ;
Mais il montroit des mœurs & de la probité :
Il arracha l'eftime .... il fut perfécuté.
Des délateurs puiffans bientôt fe réunirent :
D'injurieux foupçons par degrés le noircirent,
Mon ami fuccomba : coup fur coup accablé ,
De fes biens , de fa charge , il fe vit dépouillé.
La Cour fut prévenue , & la Cour fut féduite ;

Contre un infortuné le crédit follicite.

Un long temps fe confume à détruire un méchant :

Pour perdre un honnête homme , il ne faut qu'un inftan

Dorival malheureux reftoit fans efpérance :

Je courus le trouver. » Tu m'aimas dès l'enfance :

» Je te dois tout , lui dis-je , & je viens te l'offrir :

» T'aider dans la difgrace eft mon plus grand plaifir...

» Non , me dit-il , je vais , loin de la perfidie ,

» Armer contre le fort une noble induftrie ;

» Plus libre & moins connu , je ferai plus heureux.

» Mais , tu peux fatisfaire au plus doux de mes vœux ;

» Il me refte une fille , elle fera la tienne :

» Je croyois l'élever , que ce droit t'appartienne.

» Je vais , pour elle feule , au moment du repos ,

» Recommencer ma courfe , & chérir mes travaux ».

Mad. DE VERSEUIL.

Quel pere !.... & quel ami !

MONTBRISSON.

          Ce récit eft fidele.

Jugez combien Julie a de droits fur mon zèle !

Elle tient , dans mon cœur , de fes vertus épris ,

La place de ma femme & celle de mon fils.

Suis-je affez malheureux ?... Non , Madame , fans elle ,

Je ne furvivrois pas à leur perte cruelle ;

Depuis près de deux ans , je les pleure tous deux ,

Et toujours leur image eft préfente à mes yeux.

Tout fuit autour de moi ; je n'ai plus que Julie :

Ma fenfibilité fur elle eft réunie ;

Et , dans cet abandon, trop fait pour allarmer ,
Je tiens par elle encor à la douceur d'aimer.

Mad. DE VERSEUIL.

Elle en eſt digne au moins : attentive à vous plaire ,
Son ame ſe partage entre vous & ſon pere :
Vous êtes tout pour elle.

MONTBRISSON.

                Ah ! n'allez point penſer
Que je nuiſe à ſes goûts, ou veuille les forcer.
Je n'irai point ici , captivant ſa jeuneſſe ,
Enchaîner les beaux ans au ſort de la vieilleſſe ;
Il faut que , de ſon âge exerçant tous les droits ,
Elle ſoit très-heureuſe , & le ſoit par ſon choix.
Je deſire , en ſecret, pour ma tendre Julie,
Qu'un amour vertueux puiſſe embellir ſa vie :
Je protege & chéris tous les penchans du cœur ,
J'en ai ſenti long-temps l'innocente douceur :
Elle doit en jouir , c'eſt là mon eſpérance ,
Et ſa félicité ſera ma récompenſe.

Mad. DE VERSEUIL.

Quel langage touchant ! que vous m'intéreſſez !
Et ſavez-vous ſur qui ſes vœux ſe ſont fixés ?

MONTBRISSON.

Sur perſonne , je crois ; mais depuis une année ,
Dans mon cœur , en ſecret, je l'avois deſtinée.

Mad. DE VERSEUIL.

Pour qui ?

MONTBRISSON.

Pour mon neveu : je croyois vaincre en lui
Ce coupable travers qui l'égare aujourd'hui.

Mad. DE VERSEUIL.

Vous le ramenerez.

MONTBRISSON.

Je crains bien le contraire.
Comme au meilleur principe, il tient à sa chimere.
Il a dans son erreur, dans son illusion,
L'inflexibilité que n'a point la raison.
Il s'est déjà, Madame, offert dix mariages
Qui lui garantissoient les plus grands avantages,
La faveur de la Cour, les graces, les moyens
De servir & son Prince & ses Concitoyens :
Il a refusé tout ; & puis, l'âge s'avance ;
Il a passé trente ans, je n'ai plus d'espérance.
S'il avoit moins d'esprit, & s'il combinoit moins ;
Je pourrois augurer le succès de mes soins ;
Mais, un fou qui raisonne, un fou, qui se croit sage,
Vient-on à le prêcher, le devient davantage.
Il est né délicat, honnête, généreux ;
Il fait taire son cœur ; il sera malheureux.
Tranquille possesseur d'une fortune immense,
Terville la dissipe avec indifférence ;
Insensible à l'espoir d'être utile après lui,
Il croit que par le faste on échappe à l'ennui.

Mad. DE VERSEUIL.

Eh bien, Monsieur, il faut, en plaignant sa folie,
Chercher un autre époux à l'aimable Julie.

MONTBRISSON.

Il veut la marier.

Mad. DE VERSEUIL.

Qui ? Terville, Monsieur !

MONTBRISSON.

Comment ! il s'en occupe . . . . il y met de l'ardeur !

Mad. DE VERSEUIL, *riant.*

Eh ! quel est, s'il vous plaît, celui qu'il lui destine ?

MONTBRISSON.

Il est jeune, placé, d'une ancienne origine,
Ayant l'éclat d'un nom, sans en avoir l'orgueil,
Charmant; c'est en un mot, le Comte de Verseuil.

Mad. DE VERSEUIL, *avec surprise & gaieté.*

Le Comte de Verseuil !

MONTBRISSON.

D'où naît cette surprise ?

Mad. DE VERSEUIL.

Dites-vous bien le nom ? N'est-ce point par méprise?

MONTBRISSON.

C'est le nom sous lequel il nous fut présenté,
Et c'est celui, dit-on, qu'il a toujours porté.
Le connoîtriez-vous ?

Mad. DE VERSEUIL, *souriant.*
                    On ne peut davantage.

MONTBRISSON.

Il est aimable.

Mad. DE VERSEUIL.
          Fort.

MONTBRISSON.
                    Et je crois qn'il est sage.

Mad. DE VERSEUIL.

On l'assure.

MONTBRISSON.
          Il suffit : votre suffrage est tout.
Je desirois quelqu'un qui fût de votre goût :
Verseuil réussira, puisqu'il a sçu vous plaire,
Madame, & vous pouvez avancer cette affaire.

Mad. DE VERSEUIL, *riant.*
Monsieur, je vous déclare, & c'est avec regret,
Qu'ici mon entremise aura très-peu d'effet.

MONTBRISSON.
Quoi que vous en disiez, vous voudrez bien, je gage,
De concert avec moi, presser ce mariage.

Mad. DE VERSEUIL.
Vous m'en dispenserez.

MONTBRISSON.
                    Non, assurément, non.
Votre sagesse aimable aidera ma raison.

SCENE VI.

Mad. DE VERSEUIL, *seule.*

En vain à deviner mon esprit se fatigue ;
Je ne peux démêler le nœud de cette intrigue.
Le Comte de Verseuil auroit pu !...

(*Pendant ce monologue, Verseuil entre sur la Scène.*)

SCENE VII.

Mad. DE VERSEUIL, VERSEUIL.

VERSEUIL.

Le voici.

Mad. DE VERSEUIL.

Me trompai-je ? comment !

VERSEUIL.

Ecoutez :

Mad. DE VERSEUIL.

Vous ici !

VERSEUIL.

Oui, le même toujours ; aussi vrai que fidele,
Détestant de mon cœur la contrainte cruelle...
Au gré de mes desirs que vous avez tardé !

Victime d'un ami, d'un soin trop hasardé ....
Mais pourquoi revenir sur les maux de l'absence ?
La peine est déjà loin, quand le bonheur commence.

Mad. DE VERSEUIL, *gaiement.*

Je reviens à propos pour votre Hymen.

VERSEUIL.

Un mot

Mad. DE VERSEUIL.

Oh ! cent, pour m'informer ...

VERSEUIL.

Vous le serez bientôt.

Mad. DE VERSEUIL.

Rien n'est plus sérieux.

VERSEUIL.

Hé bien, daignez m'entendre.
A peine eus-je formé le lien le plus tendre,
Soudain, vous le savez, mon Régiment partit.
L'honneur parle, il commande, & l'amour obéit.
D'un exil douloureux enfin le terme expire.
Impatient, troublé, je pars sans vous l'écrire.
Voilà mon tort: j'accours, &, plein d'un juste espoir,
Je vais chez Montbrisson, comptant bien vous y voir.
Mais, instruit qu'avec vous il étoit à sa terre,
Je vis qu'on fait très-mal en croyant tres-bien faire.
Trompé dans mon attente, isolé dans Paris,
Jugez de mes regrets ! je m'accuse, & j'écris.
J'allois fermer ma lettre, on m'annonce Terville :

De

De Montbriſſon, dit-il, connois-tu la Pupille ?
Charmante !....j'y ſouſcris, &, vous ſachant ici,
Je brûle d'y venir : il le ſouhaite auſſi ;
Nous arrivons....le jour que vous étiez partie,
Et l'on m'apprend alors que j'épouſe Julie !
J'étois, à mon inſçu, tellement engagé,
Qu'au ſilence du moins je me crus obligé ;
Je ne l'ai point rompu : dans cette circonſtance,
Je n'oſois de Terville avouer l'imprudence.
Il me quitte, il s'échappe : on m'invite à reſter.
Voilà d'où naît le mal, je n'ai pu l'éviter ;
Et, ſi dans tout ceci ma conduite eſt blâmable,
Qu'on s'en prenne à lui ſeul, qui m'a rendu coupable.

Mad. DE VERSEUIL.

Ah ! je reſpire enfin.

VERSEUIL.

M'auriez-vous ſoupçonné ?...

Mad. DE VERSEUIL.

Puiſque je vous revois, tout vous eſt pardonné.
Ainſi donc, dans votre ame & dans votre penſée,
Julie & ſes attraits ne m'ont point éclipſée.

VERSEUIL.

Vous !...mais combien de vœux je fais pour ſon bonheur !
Ses ſoins pour Montbriſſon peignent ſi bien ſon cœur !

Mad. DE VERSEUIL.

En la louant, Verſeuil, on dit ce que j'en penſe ;
C'eſt la grace naïve, unie à la décence.
Elle va me haïr, me déteſter.   B

VERSEUIL.

Qui ? vous!

Pourquoi.

Mad. DE VERSEUIL.

Je viens ici lui ravir son époux.

VERSEUIL.

D'une vaine frayeur cessez d'être frappée ;
Non, je ne la crois pas de moi fort occupée.

Mad. DE VERSEUIL, *très-gaiement.*

Si vous cédiez, au reste, au plaisir de changer,
Je serois, je vous jure, en fond pour me venger.
Tandis qu'on vous offroit de nouvelles conquêtes,
Moi, pour mon compte aussi, j'ai fait tourner deux

VERSEUIL, *avec vivacité.*

Et quelles, s'il vous plait ?

Mad. DE VERSEUIL.

Ceci devient pressant,

Devinez.

VERSEUIL.

Le premier n'est pas embarrassant ;
C'est Terville...c'est lui, n'est-ce pas ?...suis-je habile?
De ces énigmes-là j'en devinerois mille.
Oui, puisqu'il vous a vue, il a dû s'enflammer ;
Terville a trop de goût, pour ne pas vous aimer.

Mad. DE VERSEUIL, *en confidence.*

Il cache, & ce soupçon doit entraîner le vôtre,

Dans ses aveux pour moi, ses amours pour une autre.

VERSEUIL.

Vous croyez...

Mad. DE VERSEUIL.

Oh ! je crois qu'il se trompe à plaisir,
Et par lui-même ici je veux m'en éclaircir !
Mais l'autre ? un peu long-tems vous rêverez, j'espere ;
Vous aurez de la peine à vous tirer d'affaire.
Entrevoyez-vous ?

VERSEUIL.
Non.

Mad. DE VERSEUIL.
Cherchez bien.

VERSEUIL.
Je me rends.

Mad. DE VERSEUIL.

Déjà ?

VERSEUIL.

Dites-moi donc....

Mad. DE VERSEUIL.
Monsieur de Saingérans.

VERSEUIL.

Mon Oncle ! oh, par exemple, il faut que j'en convienne ;
J'étois loin d'y songer.

Mad. DE VERSEUIL.
L'anecdote est certaine.

B ij

Je ne plaisante point : il m'a toujours parlé ;
Il n'a point trop dormi.

VERSEUIL.

Vous l'aviez éveillé :
C'étoit sa passion qui l'occupoit.

Mad. DE VERSEUIL.

Sans doute :
Il veut venir me voir.

VERSEUIL (*avec ironie.*)

Ici ? Je le redoute.

Mad. DE VERSEUIL.

Il connoît, m'a-t-il dit, Monsieur de Montbrisson ;
D'exercice & d'étude il fut son compagnon ;
Il arrive ce soir, & l'a dû même écrire.

VERSEUIL.

Fort bien ! c'est sur le tard que mon Oncle soupire !...
Quand j'y pense pourtant, il ne m'allarme pas,
Et peut nous aider même à sortir d'embarras.
S'il apprend qu'il s'agit pour moi d'un mariage,
Notre homme, j'en réponds, va faire un beau tapage ;
Et, grace à son refus, dont vous serez témoin,
D'autre explication nous n'aurons pas besoin.
Mais, quand pourrai-je donc, me trahissant moi-même
A l'univers entier dire tout haut que j'aime,
M'abandonner sans crainte à des transports si doux,
M'enorgueillir enfin du nom de votre époux,
Obéir à l'amour ! Votre délicatesse

D'un silence forcé m'imposa la promesse.
Sans vous, à feindre ici rien ne m'auroit soumis ;
Mon cœur me démentoit, quand ma bouche a promis.
Par le même motif, hâtant l'effet contraire,
Je brûle d'avouer ce que vous voulez taire ;
Et, lorsque mon bonheur au comble est parvenu,
Il me semble imparfait tant qu'il n'est pas connu.
Vos charmes, vos vertus, tout, tout me justifie,
Et je ne risque rien que d'exciter l'envie.

Mad. DE VERSEUIL.

Et cet Oncle entêté.

VERSEUIL.

Le vieil extravagant ?

Mad. DE VERSEUIL.

Vous savez à quel point il est inconséquent.
Quoique l'hymen toujours ait paru lui déplaire,
Quoiqu'il soit, comme on sait, garçon sexagénaire,
Et libre dans ses mœurs : pouvez-vous oublier
Qu'il voulût à sa guise un jour vous marier ;
Et que, sur vos refus, sa bisarre colere
Nommoit à ses grands biens un autre Légataire,
S'il n'eut de vous, dit-on, arraché le serment
Que vous rejetteriez tout autre engagement ?
Oubliez-vous aussi que la Cour elle-même,
Qu'il avoit su gagner par quelque stratagême,
Desiroit un hymen si contraire à nos vœux ?
Vous déplairiez peut-être en déclaran tvos nœuds ;

Et pour moi quel reproche … Ah çà, point de méprise:
Je conserve en ces lieux le titre de Marquise,
La Comtesse se cache ; il le faut, songez-y :
N'allez pas vous tromper & parler en mari.
Chut ! on entre !

SCENE VIII.
LES MÊMES ; NÉRINE.

NÉRINE (*à part au fond du Théâtre.*)

Elle arrive & la voilà qui cause
Avec un inconnu !… c'est une étrange chose
Que ce babil sans fin !….

Mad. DE VERSEUIL.

Ah ! Nérine, bon jour.
Ta Maîtresse, dis-moi, sait-elle mon retour ?

NÉRINE (*séchement.*)

Oui, Madame, & je viens demander audience.
Elle descend.

Mad. DE VERSEUIL.
Pourquoi ?

NÉRINE.
C'est par impatience.

Mad. DE VERSEUIL.
Je vais la prévenir.

(*M. & Mad. de Verseuil se font une révérence
bien cérémonieuse, & sortent chacun de leur côté.*)

SCENE IX.

NÉRINE (*à Verseuil qui s'en va.*)

Ecoutez donc, Monsieur.....
Où courez-vous si vîte avec cet air d'humeur ?
Bon soir. Ce Comte là ressemble à la Marquise ;
Ils s'entendent déjà ; je n'y serai plus prise.
Ah ! le maudit séjour ! Ce Verseuil n'est qu'un fat ;
Et Terville ...... est un sot avec son célibat.

SCENE X.

LAFLEUR, NÉRINE.

LAFLEUR (*sans être vu, & faisant claquer
son fouet.*)

Vite, à boire au Courier.

NÉRINE.

                    Oh ! c'est Lafleur, je pense ;
Oui, je le reconnois à la soif : sa présence
Va m'égayer au moins ; j'étois d'un morne affreux

LAFLEUR (*sans voir Nérine, en bottes, & se
précipitant dans un fauteuil.*)

Toujours sur les chemins ! c'est un métier fâcheux
Monsieur Terville ainsi me lasse à ne rien faire ;

Toujours du mouvement, & jamais une affaire !

(Appercevant Nérine.)

Ah ! friponne, bon jour !

NÉRINE.

Ce ton est cavalier.

LAFLEUR.

Ce sont de ces minois qu'on ne peut oublier.

NÉRINE.

(à part)   (haut)

Je l'aime, ce Lafleur.... ainsi ton Maître arrive ?

LAFLEUR.

Oui ; moi, j'ai dévancé Jasmin, Germon, Lolive,
Et me voilà, pestant, enrageant de mon mieux,
Bien roué, bien brisé, mais toujours amoureux.

NÉRINE.

Avec ce bel amour, tu courras donc sans cesse ?

LAFLEUR.

Il faut bien, mon enfant. Terville est dans l'ivresse ;
Il va, vient, s'étourdit. C'est ici, puis c'est là,
Jamais de poste fixe ; &, malgré tout cela,
Je ne jurerois pas qu'il n'eût au fond de l'ame
Quelques chagrins secrets, quelque invisible flâme.

(Observant Nérine.)

Souvent je l'ai surpris poussant de longs soup irs....

NÉRINE.

Bon !

LAFLEUR.

Ses diſtractions ne ſont pas des plaiſirs.

NÉRINE.

Mais encor ? Que ſais-tu ?

LAFLEUR.

           Qui ? moi, je conjecture.
Suffit....de ce train là, quoiqu'ici je murmure,
Mes courſes cependant valent bien le repos.
J'ai, pendant ma quinzaine, été dans dix châteaux.
Des ſpectacles par-tout, des fêtes, grande chere.

NÉRINE.

Oui-dà ? mais je veux, moi, qu'on ſoit plus ſédentaire.
Sur ce principe là regle-toi déſormais :
Tu m'as placée ici, pour ne t'y voir jamais ;
Point d'intrigue à mener, point d'amant, quel ſupplice !
J'ai du zèle de reſte, il eſt ſans exercice ;
Ma Maîtreſſe eſt charmante, & je la ſers de cœur.
Eh bien ! elle m'évite & ſe tait.

LAFLEUR.

                Quel malheur !

NÉRINE.

Il eſt déſeſpérant.... je ſuis d'une colere !....
Songe à m'épouſer vîte, afin de me diſtraire !

LAFLEUR (*ſe levant avec précipitation &*
regardant de tous côtés.)

T'épouſer ! bouche cloſe ; au moins baiſſe le ton :

Mon Maître est inflexible & n'entend pas raison
Sur cet article là.

NERINE.

Ni moi non plus, j'espere.

LAFLEUR, (d'un ton important.)

Il faut, pour le servir, être Célibataire,
C'est l'ordre; & moi, sur tout, comme premier Valet,
Je dois m'assujettir à l'état qui lui plaît.

NERINE.

Il me déplaît à moi.

LAFLEUR.

Vraiment, c'est que tu m'aimes.

NERINE.

Je ris de voir Lafleur adopter des systêmes :
Rien n'est aussi bouffon.

LAFLEUR.

Aussi prudent : enfin,
Aujourd'hui marié, je suis chassé demain.

NERINE (avec impatience).

L'une observe en ces lieux un silence tenace ;
L'autre, y défend l'hymen.. Que veulent-ils qu'on fasse?

LAFLEUR (se rapprochant.)

Je te le dirois bien.

NERINE (se rapprochant.)

Et je n'entendrois pas.

LAFLEUR.

Quoi ?

NERINE.

L'amour conjugal a pour moi des appas.
Ou le Notaire, ou rien.

LAFLEUR.

Ou rien. Voilà le diable.

(*à Nérine qui s'en va.*)
Où vas-tu donc ?

NERINE.

Chercher un amant plus traitable,
Qui n'ait pas, comme toi, le goût de voyager,
Et qui, jusqu'à l'hymen, veuille bien déroger.

LAFLEUR.

J'ai le ton de mon siecle … entre nous, sauf le blâme,
Je pense en esprit fort, toi tu parles en femme.

NÉRINE.

D'accord.

LAFLEUR.

Ecoute-moi.

NERINE.

Non, pas un mot.

LAFLEUR (*courant après elle.*)

Je vais,
Déjeûner avant tout, & …. nous verrons apres.

Fin du premier Acte.

ACTE II.

SCENE PREMIERE.

JULIE, NERINE.

NERINE (*à Julie qui ne la regarde point.*)

Ne me voyez-vous point? Ne suis je rien au monde?
Interrogez-moi donc, pour que je vous réponde.

JULIE.

T'interroger ! Sur quoi ?

NERINE.

Parfaitement trouvé !
Comment ! Sur quoi ? Sur tout.... Terville est arrivé.

JULIE (*froidement.*)

On l'attendoit. ... eh bien ?

NERINE.

Eh bien, Mademoiselle....
C'est qu'on est à l'affût de la moindre nouvelle.
Il amene Lafleur .... riez donc une fois.

JULIE.

Nérine, l'as-tu vu ?

NERINE.

Mais vraiment, je le crois.
J'ai vu Lafleur aussi.

JULIE.

Nouvelle fort utile !

NERINE.

Plus que vous ne penfez.

JULIE.

La fanté de Terville ?...

NERINE.

Eft très-bonne.

JULIE (*toujours férieufement & d'un ton froid.*)

Tant-mieux.

NERINE.

Un peu las.

JULIE.

Il court tant !

NERINE.

Eh ! oui : que voulez-vous ? Il s'amufe d'autant.
Chacun a fon plaifir & fon goût dans la vie :
Terville eft enchanté quand fon cercle varie ;
De nos jeunes oififs il eft le plus errant :
Mais cela, comme à moi , vous eft indifférent ;
Nous n'y prenons pas garde. Il court, grand bien lui faffe !
Je ferois comme lui , fi j'étois à fa place ;
On eft libre &...l'on va...bon, je vous parle en vain,
Vous ne m'écoutez pas ; maudit foit le deftin !
Vous voyez à quel point va pour vous ma tendreffe ;
Et je ne fais jamais ce qui vous intéreffe.

Oui : je seche sur pied... des soupirs !... & puis, rien`
Quelques mots échappés vous soulageroient bien.
Un seul.... pour essayer.

JULIE.

Nérine, êtes-vous folle ?

NERINE.

Oh ! je le deviendrai... ce ton froid me désole.

JULIE.

Jamais, quoi qu'il arrive, il ne faut s'oublier :
Je n'ai rien à vous dire, & rien à confier.

NERINE.

Justement. Quel travers ! triste, jeune & jolie.....
Pourtant cela promet.

JULIE.

Finissons, je vous prie.

NERINE.

Fort bien ! l'ordre est précis, reste à l'exécuter.

JULIE.

Elle a juré, je crois, de m'impatienter.

NÉRINE.

Ah ! par bonheur, enfin, voici Monsieur Terville !
  (*à elle-même.*)
Peut-être, en le voyant, on va changer de style.
  (*à Julie.*)
C'est lui ; voyez. Néant.... Vous parlerez : sinon,
Je n'y tiens plus, je pars, & sors de la maison.

SCENE II.

TERVILLE *en habit de campagne très-élégant*; MONTBRISSON, JULIE.

MONTBRISSON, *à Julie.*

Le voilà de retour.

TERVILLE.

Et très-content de l'être.
Je chéris cet asyle ....

MONTBRISSON.

Il est calme & champêtre.
L'air naturel y regne, & cet air là m'est bon.
Cette fois votre absence a plus duré.

TERVILLE.

Mais non,

JULIE.

Trois semaines.

TERVILLE.

Au plus.

MONTBRISSON.

Ah ! j'en crois mieux Julie ;
Elle compte les jours : ma Pupille s'ennuie !

JULIE.

Avec vous !... moi ! jamais.

TERVILLE, *à Montbriſſon.*

D'un reproche flatteur
Je connois tout le prix ; rien n'échappe à mon cœur.

(Regardant Julie.).

Oh ! pendant mon féjour, je prétends la diſtraire.

(Bas à Montbriſſon.)

J'ai de très-grands projets ! Verſeuil a-t-il ſu plaire ?

(haut.)

Bals ſur bals !...

MONTBRISSON, *riant & regardant Julie.*

Bon !

JULIE.

Pourquoi tous ces plaiſirs bruyans ?

TERVILLE, *ne la quittant pas des yeux.*

En effet, rire, aller, danſer, à dix-huit ans,

(à Montbriſſon.)

Rien n'eſt moins naturel...comme elle eſt raiſonnable !
Sa rêverie eſt douce, & la rend plus aimable.
J'aime à la retrouver.

MONTBRISSON.

Et vous partez toujours !
Où diable a-t-il été ?

TERVILLE.

Mais j'ai paſſé trois jours

Chez

Chez Eglé, deux plus loin ; le reste, chez Mélite,
Femme très-agréable, & que par-tout on cite ;
On est très-bien chez elle ; on y vit librement,
Comme l'on veut.

MONTBRISSON, *avec ironie.*

Aussi vous y voit-on souvent.

JULIE.

Cette Mélite est jeune ?

TERVILLE.

Assez.

JULIE.

Elle est jolie ?

TERVILLE.

Oui, mais bien moins que vous.

JULIE.

Point de plaisante

TERVILLE.

Je ne plaisante point.

JULIE.

On vous a donc gardé
Pendant tout ce tems-là ?

TERVILLE.

Malgré moi j'ai cédé.

MONTBRISSON.

Prêt à recommencer demain.... Ciel ! quelle vie !

JULIE.

Monsieur a bien raison.

MONTBRISSON.

Oh ! c'eſt une manie :

Car enfin , dites-moi, puiſque je vous tiens là ,
Qu'eſt-ce que vous trouvez de plaiſant à cela?

TERVILLE.

Que voulez-vous ? j'ai tort : peut-être je m'abuſe.

(Avec une ſorte de mélancolie.)

Je me diſtrais, au moins.... trop heureux qui s'amuſe!

MONTBRISSON.

Heureux qui ſent le prix de la ſimplicité ,
De la paix domeſtique & de la vérité !
Voilà les ſeuls plaiſirs , tout le reſte eſt folie.
Mais je veux vous parler. Laiſſe-nous, ma Julie.
Sur-tout, ne ſois plus triſte, & crois que ton bonheur
Eſt le vœu le plus doux, le plus cher à mon cœur.

(Elle ſort.)

SCENE III.

MONTBRISSON, TERVILLE.

TERVILLE (la ſuivant des yeux.)

Que j'aime ce maintien, cette grace touchante !
Je la trouve embellie , & ſa candeur m'enchante.

MONTBRISSON.

Eh bien ! pour te fixer, que te faut-il de plus?
Tu vantes ſes appas, tu crois à ſes vertus,
Et ſouhaites qu'un autre en ſoit dépoſitaire !

Obéis à ton cœur, cede au mien qui t'éclaire.
Ma fortune est sa dot.

TERVILLE.
A quoi bon insister
Sur ce que je ne puis, ni ne veux accepter?

MONTBRISSON.
C'est ce dont je me plains, & c'est ce qui m'arrête,
Car mon premier dessein roule encor dans ma tête ;
Ton hymen.....

TERVILLE.
Ah ! de grace, oubliez ce projet.
Pour vous en détourner, n'ai-je point assez fait?
Quand j'établis Julie & m'empresse pour elle,
Je dois être à l'abri d'une instance nouvelle.

MONTBRISSON.
Mais, tu l'aimes, dis-tu ?

TERVILLE.
Comment faire autrement?
Sans doute, elle m'est chere.

MONTBRISSON *(avec impatience.)*
Esprit inconséquent !
Je n'entends rien encore au motif qui te guide.
Tout dans elle te charme.... un travers te décide !
Consulte le bons sens.

TERVILLE.
Eh ! lui seul est ma loi.

MONTBRISSON.
Il te dit, n'est-ce pas, qu'il faut vivre pour soi,

Ce qu'on nomme penchant, l'appeller tyrannie;
Eluder le tribut qu'on doit à la Patrie;
Et qu'un sage, un grand homme, un philosophe enfin,
Devient un être à part, qui n'a plus rien d'humain?

TERVILLE.

Il me dit d'être heureux, ou de chercher à l'être;
En garde contre moi, de m'en rendre le maître;
D'être libre sur tout, de craindre & d'éviter
Un fardeau que l'on prend, pour ne le plus quitter.
J'ai calculé les maux, pesé les avantages:
Rêver sur le bonheur est l'étude des sages;
Ce fut aussi la mienne... Oui, Monsieur, vous riez!
Mais je le prouverois, si vous y consentiez.
N'attaquez pas mon cœur: il est né très-sensible;
Il est armé peut-être, & non pas inflexible.
Ah! j'étois confiant: mes premieres ardeurs
Me laissoient le bandeau des aimables erreurs.
Fait pour croire à l'amour, pour sentir son ivresse,
Je voulois un lien qui fixât ma jeunesse;
Mais j'éprouvai bien-tôt, & sus, à mes dépens,
Que le ton de nos mœurs éteint nos sentimens.
On se charge en courant d'une chaîne légere;
L'enchantement d'aimer cede à l'orgueil de plaire;
On est sans passions, où dominent les goûts,
Et l'on se sent blesser dans les nœuds les plus doux:
Ce coup d'œil, j'en conviens, m'a rendu moins crédule;
Je m'épargne un chagrin, j'évite un ridicule;
Je les ai craints tous deux, &, dans mon juste effroi,

Je me suis bien promis de dépendre de moi :
La prudence a vaincu.

MONTBRISSON.

      Quelle bifarrerie ?
De ta fauffe raifon, que ton cœur fe défie.
Lorfque de la nature on combat l'afcendant,
Terville, on eft barbare, & l'on n'eft pas prudent.
Les femmes.... entre nous, quelle idée as-tu d'elles ?
Sans doute tu n'y vois, dans tes vœux infideles,
Que de foibles jouets que l'on feint d'adorer,
Et que, fans nuls remords, on peut déshonorer ?

TERVILLE.

Ah Dieu! que dites-vous? Que c'eft mal me connoître!
Nul autre, plus que moi, ne les aime peut-être.
J'appréciai toujours leur commerce enchanteur,
Délices de l'efprit & le befoin du cœur.
L'Amant piqué s'en plaint, le fot les calomnie.
Pour moi, je leur devrai le charme de ma vie.
Mais pourquoi fous le joug languir emprifonné ?
Pour être délicat, faut-il être enchaîné ?
Un encens libre & pur eft bien plus fait pour elles.
Quel qu'il foit, l'efclavage a des fuites cruelles ;
Il amene les torts, les langueurs, les dégoûts.
Pour devenir tyran, il fuffit d'être époux.
Mille exemples fameux ont trop fu nous l'apprendre.
L'homme, armé du pouvoir, néglige d'être tendre :
Impérieux & froid, même au fein des defirs,
En acquérant des droits, il perd tous fes plaifirs.

C iij

MONTBRISSON.
Illufion d'un cœur qui s'abufe lui-même !
TERVILLE.
Ah ! c'eft un fentiment beaucoup plus qu'un fyftême.
Je ris d'un être vain, inquiet, foucieux,
Qui fe charge, au hazard, d'en rendre un autre heureux !
C'eft bien affez, hélas ! pour nos forces bornées,
D'avoir à foutenir nos propres deftinées.
Oui, l'on eft peu fenfé, lorfqu'aux pieds des Autels,
On va courber fon front fous des nœuds éternels,
Et, du moment qui naît à peine étant le maître,
On ne peut garantir le moment qui doit naître ;
(*Voyant que fon Oncle défapprouve.*)
C'eft une opinion, c'eft la mienne : après tout,
L'attrait feul nous décide, & chacun fuit fon goût :
Sauf l'égard que je dois à ces nœuds qu'on renomme,
On peut, fans être époux, être fort honnête homme.
Mon cher Oncle, d'ailleurs, pourquoi vous plaindre ainfi ?
Contre ce chafte Hymen, j'ai beau m'être endurci;
Je le vois quelquefois fans qu'il me fcandalife.
Le Comte, par exemple, eft un choix que je prife,
Fait pour votre Pupille : eh bien ! moi, je confens
Qu'ils s'embarquent tous deux fur la foi des fermens :
Ce bonheur, contre qui mon ame eft révoltée,
Eft, je le vois, le feul qui foit à leur portée.
Verfeuil eft juftement l'homme qu'il nous falloit ;
Verfeuil, aux qualités joint la grace qui plaît.....
Mais, cet Hymen conclu, j'en puis empêcher mille,

Et c'eſt au moins, Monſieur, un moyen d'être utile.

MONTBRISSON.

Puiſque ton cœur s'oppoſe à mon plus cher eſpoir,
Et qu'enfin tu le veux, il faut bien le vouloir.

TERVILLE.

Mon Oncle, faites plus; contentez mon envie;
N'en aſſurez pas moins votre bien à Julie;
Ce ſera m'enrichir, que de lui tout donner.

MONTBRISSON.

Comment?

TERVILLE.

Ce cœur ſi froid voudroit la couronner.

MONTBRISSON.

De l'héroïſme, allons....mais Verſeuil doit dépendre...

TERVILLE.

Son Oncle à vos deſirs ne pourra que ſe rendre.

MONTBRISSON.

Quel eſt-il?

TERVILLE.

Saingérans.

MONTBRISSON.

Quoi! ce fou ſuranné,
Vieux garçon bien oiſif, qu'on croit bien fortuné,
Dameret ſémillant dans un corps tout débile,
Qui promene à grands frais ſon aſthme par la ville,
Et chez qui, malgré l'âge appeſanti ſur lui,
Rien n'eſt encor profond que le vice & l'ennui.

TERVILLE.

Lui-même.

MONTBRISSON.

Il nous arrive; il vient de me l'écrire :
On a besoin de lui; qu'il vienne.

TERVILLE.

On peut en rire,
Il vous amusera.

MONTBRISSON.

Non pas, assurément :
Mais je me munirai de son consentement.

TERVILLE.

Il ignore donc tout?

MONTBRISSON.

Oui; du moins je le pense.
Sa Lettre dit qu'il veut renouer connoissance.

TERVILLE.

Où peut être Verseuil ? ceci va le charmer,
Connoissant mieux Julie....ah ! comme il doit l'aimer !

MONTBRISSON.

Je l'ai laissé tantôt seul avec la Marquise.

TERVILLE, *gaiement & légérement.*

Comment seul avec elle ! & Julie autorise....
Elle est donc de retour?

MONTBRISSON.

Eh ! mais apparemment.

TERVILLE.

Et Verseuil la connoît ?

MONTBRISSON.
Beaucoup.

TERVILLE.

Infiniment,
Cela m'en a tout l'air… la Marquife l'eftime ?

MONTBRISSON, *s'impatientant.*
Oui , oui.

TERVILLE.
Je vois d'ici quel intérêt l'anime.

(*à part.*)
Il ne perd pas fon tems.

MONTBRISSON.

L'éloge qu'elle en fait,
M'a même pour Verfeuil prévenu tout-à-fait.
J'honore cette femme on ne peut davantage :
La fageffe indulgente eft fon heureux partage.

TERVILLE.
Et fe connoiffent-ils depuis long-temps ?

MONTBRISSON.

Ma foi,
Je n'en fais rien du tout ; tu te moques de moi
Avec tes queftions.

TERVILLE.

C'eft que j'avois envie….

MONTBRISSON.
Je vais chercher Verfeuil , & parler à Julie.

TERVILLE.
Vous m'enverrez le Comte ?

MONTBRISSON.

       Oui, vraiment ; il le faut.
Il est essentiel qu'il s'explique au plutôt.
   (*Avec ironie.*)
Votre exemple déja l'aura gagné peut-être ;
On fait bien des progrès avec un si bon maître.

TERVILLE, *très-sérieusement.*

Je vous réponds que non : je le déciderai....
Et je vous garantis que je le marierai :
J'ai mes raisons.

MONTBRISSON.
Adieu.

S C E N E   I V.

TERVILLE, *seul.*

B**on** ! à ce qu'il me semble ,
La Marquise & Verseuil sont assez bien ensemble.
Le moyen de souffrir un tort aussi marqué !
Je ne suis point jaloux, mais je suis très-piqué.
Ah ! Monsieur de Verseuil, vous allez un peu vîte ;
De vos pouvoirs ici vous passez la limite.
Calmez-vous s'il vous plaît, réprimez cette ardeur....
Et laissez-moi du moins de quoi tromper mon cœur.
Même alors qu'il s'immole, & qu'il la sacrifie,
Je ne sais quel attrait me ramene à Julie ;
Je dois m'en défier, renfermer mon secret,
Et me réfugier aux pieds d'un autre objet ;

Refroidi par l'Hymen, je me verrois moi-même....
  (*Du ton le plus sensible.*)
Comment peut on risquer d'épouser ce qu'on aime !
Si la Marquise veut, elle va me sauver ;
Et d'un attachement un goût peut préserver.
Mais, quoi !... si je déplais, si mon espoir l'offense...
Je m'en consolerai par mon indépendance.

SCENE V.

VERSEUIL, TERVILLE.

VERSEUIL.

Ah ! Terville, bon jour !

TERVILLE, *froidement.*

Ah ! Monsieur, vous voilà.

VERSEUIL.

Que veut dire, mon cher, le ton que tu prends-là ?

TERVILLE.

Je voulois vous parler.

VERSEUIL.

Eh bien, parle.

TERVILLE.

Julie

Est jeune, intéressante.

VERSEUIL.

Eh ! qu'est-ce qui le nie ?

J'en conviens volontiers.

TERVILLE, *d'un ton passionné.*

Julie a de ces traits,
Qui, dès qu'on les a vus , ne s'effacent jamais :
On veut les retrouver dans ceux que l'on adore ;
On croit n'y plus songer, & l'on y rêve encore :
C'est un . . . . je ne sais quoi, plus doux que les appas,
Et le cœur qui le sent, ne le définit pas.

VERSEUIL.

Comment donc ! ce portrait , plein de délicatesse ,
Est digne d'un Amant, & ressemble à l'ivresse !

TERVILLE.

L'amitié peint souvent aussi bien que l'amour.

VERSEUIL.

Tu m'étonnes au moins !

TERVILLE.

Au but.

VERSEUIL.

Oui, sans détour.

TERVILLE.

Julie a tout , beauté , grace . . . . . une ame si pure !
Emparez-vous d'un bien qu'un ami vous assure ;
Ou , vous ne savez p ? ce qu'ici vous perdez . . . .
Ou , vous manquez, Monsieur, à tous les procédés . . . .

VERSEUIL.

Eh ! bon Dieu ! quels grands mots !

TERVILLE.

Non, non, ce sont des choses.

VERSEUIL.

Ecoutes : ce tréfor qu'ici tu me propofes,
Ce bien que d'accepter tu me fais une loi,
Que ne t'en faifis-tu ?

TERVILLE (*furieux.*)

Que dites-vous ? Qui ? moi !
Il le faut avouer…. La tyrannie eft forte.

VERSEUIL (*gaiement.*)

Faut-il que pour cela ton amitié s'emporte ?

TERVILLE (*toujours avec vivacité*)

Je n'aime point Julie…. & vous pouvez le voir :
Mais quand je l'aimerois, je voudrois la pourvoir ;
Je voudrois….

VERSEUIL.

Calme-toi.

TERVILLE.

Me parler mariage !
D'honneur, vous êtes fou.

VERSEUIL.

D'honneur, tu n'es pas fage.
Croyois-je t'offenfer ? & puis, en vérité,
Je vois à cet hymen quelque difficulté.

TERVILLE.

Nulle. Votre Oncle vient.

VERSEUIL.

Je le fais.

TERVILLE.

Quelle encore ?

VERSEUIL.

D'abord c'est qu'on me hait.

TERVILLE.

Eh ! point, on vous adore.

VERSEUIL.

Le contraire est visible, & j'en suis très-certain.

TERVILLE.

Voilà bien les Amans ! ... des ombrages sans fin !
Mais, pour croire à cela, quel motif est le vôtre ?
Là . . . . pourquoi vous haïr ?

VERSEUIL.

Pour en aimer un autre.

TERVILLE.

Un autre ! Et qui ?

VERSEUIL (*en observant Terville.*)

Ma foi, je ne te dirai pas ;
Mais je m'éclaircirai ; je veux . . . .

TERVILLE.

Bel embarras !
T'es-tu persuadé dans le fond de ton ame,
Qu'on doit avec délire être aimé de sa femme ?
Ce seroit un peu loin pousser l'illusion.
L'hymen est, tu le sais, un Dieu plein de raison,
Et l'amour même est sage à l'aspect d'un Notaire.
(*Plus sérieusement.*)
Mais tu ne dis pas tout : allons, treve au mystere,
Conviens-en ; la Marquise a paru dans ces lieux,
Et seule a tout brouillé : parle vrai, je le veux ;

J'ai droit de l'exiger.... tu l'aimes, je parie !

VERSEUIL.

Parbleu ! tu gagnerois, &....

TERVILLE.

Point de raillerie ?

Il s'agit d'amitié, je pense; sans cela,
Je serois très-choqué de ce procédé là.
Julie en ce séjour est ton unique affaire;
Je fais pour vous unir tout ce qu'on m'y voit faire,
Voilà ta mission & mon arrangement:
Tu n'y peux de ce but t'écarter un moment;
Et, s'il faut m'expliquer avec pleine franchise,
Tu dois, presque pour rien, y compter la Marquise.

VERSEUIL (*riant.*)

Comment ? presque pour rien !

TERVILLE.

Oui.

VERSEUIL.

Demande un peu moins.

TERVILLE.

C'est me contrarier, que lui rendre des soins :
Puisqu'il faut dire tout, j'ai des projets sur elle ;
De l'objet que je cherche, elle est le vrai modele :
Elle a de la gaieté, des mœurs, le meilleur ton ;
Elle pense, elle est veuve, & moi, je suis garçon :
Tout convient.

VERSEUIL.

Grand-merci de cette confidence.

TERVILLE.

Mon cœur, à tous égards, t'a dû la préférence.

VERSEUIL.

Eh ! mais, avances-tu ?

TERVILLE.

Mais.... j'augure affez bien,
J'ai déjà même écrit.

VERSEUIL, (*avec une forte d'inquiétude.*)

Et pour réponfe.

TERVILLE.

Rien.

VERSEUIL.

Progrès encourageant !

TERVILLE.

Je faurai la réduire.
Par cent nouveaux fecrets je prétends la féduire ;
J'en inventerai tant, qu'elle n'y tiendra pas ;
Je te dirai ma marche & tu m'applaudiras.

VERSEUIL.

Peut-être.

TERVILLE.

Il faudra bien : oui, malgré ton peut-être,
Apprends qu'on eft aimé lorfqu'on s'obftine à l'être.
Mais fois difcret, afin que mon bonheur foit pur.

VERSEUIL.

Tu ne pouvois choifir un confident plus sûr.

TERVILLE.

Il eft effentiel, tu vois, de nous entendre ;

Aux

Aux vœux de l'amitié j'ai le droit de prétendre ;
Tu dois me fervir même, au lieu de me croifer ;
Fais que l'on m'aime, & moi, je te fais époufer.
Par des foins mutuels, tenons avec adreffe,
Toi, ta femme, de moi ; moi de toi, ma Maîtreffe.
Vraiment, tu dois m'aider.

VERSEUIL.

Modere ce tranfport.

TERVILLE.

Tu t'en trouveras bien, mettons-y de l'accord.
Dis, me le promets-tu ?

VERSEUIL riant.

Mais, non ; en confcience.

TERVILLE.

Tu ris ?

VERSEUIL, riant plus fort.

Ce que tu dis eft plein d'extravagance.

TERVILLE.

Voilà de nos amis !

VERSEUIL, riant toujours plus fort.

Tes difcours font fi fous !

TERVILLE.

Vous faites tout pour eux, ils ne font rien pour vous.
Mais la Marquife approche ; & je vais, fans myftere,
Lui déclarer un feu que je ne puis plus taire.

VERSEUIL.

Devant moi ?

D

TERVILLE.

Pourquoi non ?

VERSEUIL.

Cela feroit plaifant.

Et.....

TERVILLE.

Monfieur aujourd'hui trouve tout amufant.

VERSEUIL.

Oui.

SCENE VI.

LES MÊMES; Mad. DE VERSEUIL.

Mad. DE VERSEUIL.

LES propos font gais.

VERSEUIL.

Plus qu'on ne peut le croire :
Terville me contoit la plus plaifante hiftoire.

TERVILLE, (*un peu embarraffé.*)

Madame, pardonnez, fi mon empreffement ....
(*à Verfeuil qui rit.*) (*à Madame de Verfeuil*).
Paix donc…j'allois monter dans votre appartement;
J'ai rencontré Verfeuil.

Mad. DE VERSEUIL.

Point de cérémonie.

Ô Ciel ! des complimens auriez-vous la manie ?

TERVILLE.

Non ; mais, il eft des foins…il m'a feul arrêté ;

Il est sur un article à tel point entêté ! . . .
  (*Poussant Verseuil.*)
Va-t-en donc.

Mad. DE VERSEUIL.

Hem ? comment ? qu'est-ce que vous lui dites ?
TERVILLE, (*le poussant plus fort.*)
Oh ! c'est qu'aux environs il doit quelques visites ;
Je le pressois d'aller.

VERSEUIL.

                    J'y vais ; il le faut bien :
Je ne veux point troubler un si doux entretien.

SCENE VII.

Mad. DE VERSEUIL, TERVILLE.

TERVILLE.

Allez-vous me gronder ? êtes-vous courroucée ?

Mad. DE VERSEUIL.

Pourquoi ? pour une lettre, il est vrai peu sensée,
Mais qui m'a réjouie : en vérité, Monsieur,
Tout cela n'est point fait pour donner de l'humeur.
Votre démarche est folle, & pourtant naturelle.
J'en ai ri ; voilà tout.

TERVILLE.

                    Voilà ce qu'on appelle
Un sang-froid admirable !

                    D ij

Mad. DE VERSEUIL.

　　　　　　　　Il en faut quelquefois.
Vous avez vos écarts, & nous avons nos loix.
Vous avez cru, sans doute, & je vous le pardonne;
　　(*Avec beaucoup d'ironie.*)
Qu'à distraire un moment je pouvois être bonne;
Que je préférerois des liens plus aisés,
A ces nœuds solemnels qui nous font imposés.
Vous vous êtes conduit en vrai Célibataire,
Fort bien ! il faut en tout garder son caractère.
Mais j'ai le cœur, l'esprit, la tête mal rangés;
Et je vous ennuierois avec mes préjugés.
Je tiens aux vieilles mœurs, aux décences antiques.
C'est ma façon de voir; elle est des plus gothiques:
Je me déclare au moins, & ne me masque pas.
Le mariage même eut pour moi des appas,
J'en aimai les devoirs, les égards volontaires,
Je suis un composé de petites miseres
Qui ne vous iroient pas, dont vous seriez honteux;
Et l'amour nous rendroit infortunés tous deux.

TERVILLE.

Eh quoi ! l'Hymen en vous trouve une apologiste !
Vous aimeriez ce joug & ce contrat si triste,
Qui condamne à s'aimer ceux qui s'aiment le moins,
Assujettit deux cœurs, que l'attrait n'a pas joints;
Gêne & lasse bientôt la femme la plus sotte,
Fait deux dupes toujours, & souvent un despote !
Ainsi, vous serez donc (disons-le....sans détour,)

Epouſe ſans bonheur, ou veuve ſans amour?

   Mad. DE VERSEUIL, *très-gaiement.*

Juſtement, ſans amour; moi, c'eſt ma fantaiſie,
Et je m'en trouve bien . . . .

        TERVILLE.

              Fauſſe philoſophie!

   Mad. DE VERSEUIL.

Quoi que vous en diſiez, j'en ai de tems en tems..
Pour mes opinions, non pour mes ſentimens.
J'aime aſſez votre eſprit, & même plus qu'un autre :
Mais ne me parlez point d'un cœur tel que le vôtre.
Je m'en défierois trop.

        TERVILLE.

           Eh, pourquoi, s'il vous plaît?

   Mad. DE VERSEUIL.

Quoiqu'il ſoit très-ſolide, il a l'air trop diſtrait.
A force de raiſon vous n'êtes pas trop ſage.
Guidé par le caprice, emporté par l'uſage,
L'amant qui vous reſſemble eſt toujours très-léger,
Ou, s'il devient profond, c'eſt dans l'art de changer;
Il trompe par état, céde à la plus nouvelle,
Eſt ſéduiſant, parjure, & gaiement infidele.

        TERVILLE.

Ah! peignez-moi, de grace, avec d'autres couleurs:
Ce ne ſont là mes vœux, mes penchans, ni mes mœurs.
Malheur à qui ne voit dans l'état le plus ſage,
Que le droit de céder à ſon humeur volage !
L'amant qui me reſſemble, heureux de s'enflammer,

              D iij

Veut aimer librement afin de mieux aimer.
De s'engager ailleurs il est toujours le maître ;
Mais son cœur est constant pour le plaisir de l'être.
Des gens dont vous parlez, si j'avois les défauts ;
Si j'étois indiscret, léger, cruel ou faux,
Prétendrois-je à vous plaire ? en aurois-je eu l'envie ?
Lorsque vous m'accusez, mon choix me justifie.
Quant à l'extérieur, convenez cependant,
Qu'on peut être à la fois & sensible & galant.
Vous ne m'approuvez pas ! eh quoi ! seroit-ce un crime
De venger les attraits d'un nœud qui les opprime ;
D'offrir au juste orgueil d'un sexe idolâtré,
Ce culte si flatteur des maris ignoré,
Entre mille Beautés de n'en exclure aucune,
Et, toutes les aimant, de n'en préférer qu'une,
De cacher… jusqu'au choix qui peut enorgueillir,
Et d'enchaîner l'amour sous les loix du plaisir ?

Mad. DE VERSEUIL.

Ce langage est joli ; le croyez-vous bien tendre ?

TERVILLE.

A ce reproche-là je n'ai point dû m'attendre.

Mad. DE VERSEUIL, (*observant Terville.*)

Vous êtes, dites-vous, épris de mes appas ;
Et moi, je vous préviens que vous ne m'aimez pas.

TERVILLE.

Qui, moi ? lorsqu'un aveu…

Mad. DE VERSEUIL.

Je n'en suis pas la dupe.

J'ai cru même entrevoir qu'une autre vous occupe.
Si vous vous déguisiez vos véritables feux !
Souvent on est fripon, de peur d'être amoureux :
Là, consultez-vous bien.

TERVILLE, (*à part.*)
            Que veut-elle me dire ?
(*Haut.*)
C'est un prétexte vain que je pourrois détruire.
Ah ! je vois ce que c'est : Verseuil apparemment
Vous aura conseillé ce cruel enjoûment :
Au reste, il faudra bien que votre cœur l'oublie ;
Car vous savez, je crois, qu'enfin je le marie.

Mad. DE VERSEUIL.
Oh ! c'est à faire à vous.

TERVILLE.
            J'y compte, &, dans ce cas,
Vous voyez clairement qu'il ne vous convient pas.

Mad. DE VERSEUIL.
Si vous continuez, comme lui, je vais rire.

TERVILLE.
De lui ? je le veux bien.

Mad. DE VERSEUIL.
            Adieu. Je me retire.

TERVILLE.
Ah ! de grace, un moment....s'il faut être jaloux,
J'en suis capable, au moins, très-capable.

Mad. DE VERSEUIL.
            Qui ? vous !

Vous le dites d'un ton perſuaſif.

TERVILLE.

Madame,

Ne m'en défiez pas, je connois bien mon ame :
Si je n'ai pas de quoi faire un mari charmant,
J'aurai, quand je voudrai, les défauts d'un Amant.

Mad. DE VERSEUIL.

On entre ; c'eſt votre Oncle.

TERVILLE.

Ah ! du moins, je vous prie,
Ne l'inſtruiſez de rien.

Mad. DE VERSEUIL.

Allons ! quelle folie !
Moi, j'ai preſque oublié ce que vous m'avez dit.

TERVILLE.

Quoi?... ma foi, je m'y perds, ſa gaieté m'étourdit.
(*Il rencontre ſon Oncle qui lui fait un aecueil
très-froid, & il ſort.*)

SCENE VIII.

MONTBRISSON, Mad. DE VERSEUIL.

MONTBRISSON.

AIDEZ-MOI de vos ſoins ; je viens de voir Julie,
Madame, & ſur Verſeuil quand je l'ai preſſentie,
Elle a marqué ſoudain la plus vive douleur.
Quelque choſe l'agite & tourmente ſon cœur.
J'ai voulu la preſſer, connoître ſes alarmes,

Ses yeux, en se baissant, se sont mouillés de larmes;
Elle évitoit les miens, & n'osoit me parler.
Ce silence pénible est fait pour me troubler.
Madame, elle vous aime, & sur-tout vous écoute,
Vous saurez arracher l'aveu que je redoute.
Je veux qu'elle s'explique, efforcez-vous.

Mad. DE VERSEUIL.

J'y cours,
Le cœur le plus caché ne se tait pas toujours.
Dans chaque occasion fiez-vous à mon zele;
Il est égal, Monsieur, & pour vous, & pour elle.

MONTBRISSON.

Combien je vous devrai ! je ne peux voir souffrir
Cette ame intéressante & qui craint de s'ouvrir.
La raison est toujours imposante à mon âge.
L'amitié sous vos traits obtiendra davantage.

Fin du second Acte.

ACTE III.
SCENE PREMIERE.

JULIE, NÉRINE.

NÉRINE (*entrant après Julie.*)

C E L L E que vous aimez à l'inſtant vous cherchoit:
Vous étiez, m'a-t-on dit, dans le petit boſquet;
Pour moi, plus que jamais, j'abhorre la Marquiſe;
Vous ſaurez de ſes tours; ils m'ont preſque ſurpriſe.

JULIE.
Quels tours.?

NERINE.
Terville . . . .

JULIE.
Hé bien?

NERINE (*avec ironie.*)
Cet homme indépendant;
Qui gardoit ſur lui-même un ſi noble aſcendant,
Le voilà ſubjugé par ſa coquetterie;
Il aime . . . . eh! que ſait-on : peut-être il ſe marie..

JULIE.
A la Marquiſe.

NERINE.
Eh! mais, ils ne ſe quittent plus;
Ce ſont des mots furtifs, & d'eux ſeuls entendus;

Des clin-d'yeux éternels ... des ...

JULIE (*à part.*)

Je suis au supplice!

(*Haut.*)

Des clin-d'yeux dites-vous? a-t-on quelqu'autre indice?

NÉRINE.

Oh ! oui l'on est en fonds.

JULIE.

Eh ! quels.

NÉRINE.

Je les ai tous.

Est-ce que de Verseuil il n'est pas très-jaloux ?
A le bien quereller votre hymen l'autorise ;
Il ne veut pas souffrir qu'il parle à la Marquise.
Lafleur est amoureux, c'est-à-dire, indiscret,
Et causant de son maître, il m'a dit son secret,
Il est bon d'être au fait, & de cette conduite
Vous me savez bon gré de vous avoir instruite.

JULIE *se contraignant.*

Sans doute ... eh ! vous croyez qu'il aime ?

NÉRINE.

Eperduement.

JULIE.

Au point de se lier ?

Mais, vraisemblablement.

JULIE *avec colere.*

Taisez-vous ?

NÉRINE.

Pourquoi donc ? je dis ce qui se passe.
Tout vous échappe…. moi, j'observe à votre place.
Je vois bien.

JULIE.

Oui, fort bien !

NÉRINE.

Le trait est excellent.
On me presse ; je parle, & je fâche en parlant.
Appercevant la Marquise.
Ne la voilà-t-il pas ?

SCENE II.

Mad. DE VERSEUIL, LES MÊMES.

JULIE, (*à Nérine.*)

Laissez-nous.

NÉRINE.

Sans reproche,
On me chasse toujours, dès que Madame approche.

SCENE III.

Mad. DE VERSEUIL, JULIE.

Mad. DE VERSEUIL.

Eh ! quoi ! toujours rêveuse ! à la fleur de vos ans,
Au sein de vos amis !

JULIE.

Je ris de tems en tems.

Mad. DE VERSEUIL.

Ce rire là, Julie, eſt étranger à l'ame.
La vôtre ſouffre.

JULIE.

Non.

Mad. DE VERSEUIL.

Je n'en crois rien.

JULIE.

Madame !

Mad. DE VERSEUIL.

Je prétends & je dois reſpeċter vos ſecrets :
Mais les déguiſemens pour vous ne ſont pas faits ;
Et vous vous trahiriez, en voulant vous contraindre ;
Soulagez votre cœur ; vous n'avez rien à craindre ;
Vertueux, délicat, & du mien appuyé,
N'oſeroit-il paroître aux yeux de l'amitié ?

JULIE.

Ah ! ſi vous me louez, je n'oſerai rien dire.

Mad. DE VERSEUIL.

Ce ſeul mot là dit tout, & ſuffit pour m'inſtruire.

JULIE.

Comment ?

Mad. DE VERSEUIL.

Raſſurez-vous ?

JULIE.

Ciel !

Mad. DE VERSEUIL.

C'eſt moi maintenan

Qui vais vous confier votre ſecrét tourment.

JULIE.

De grace....

Mad. DE VERSEUIL.

Vous aimez ; voilà tout le myſtere.

JULIE (ſe jettant dans les bras de Mad. de Verſ.

Ouvrez-moi votre ſein.

Mad. DE VERSEUIL.

Un aveu reſte à faire.

Je le ferai pour vous.

JULIE.

Ah ! ne pourſuivez pas.

Mad. DE VERSEUIL.

Pourquoi donc ? il faut bien vous tirer d'embarras

JULIE (très-vivement.)

N'allez point le nommer.

Mad. DE VERSEUIL.

Vraiment ſi ; c'eſt Terville...

Avouez qu'à préſent vous voilà plus tranquille ?

JULIE.

Madame, puiſqu'enfin vous avez deviné,
Voyez combien mon cœur doit être infortuné !
Victime d'une erreur qui le perdra lui-même,
Je ne peux, ſans rougir, nommer celui que j'aime
Je ne peux eſpérer d'être jamais à lui ;
Tout ce qui m'enchantoit, me déſole aujourd'hui.

Je le vis en ces lieux dès ma plus tendre enfance,
Et trouvai par inſtinct du charme à ſa préſence.
Quelquefois il venoit ſe mêler à mes jeux ;
Il ſembloit preſſentir juſqu'à mes moindres vœux.
Même avant de l'aimer, je cherchois à lui plaire.
Pouvois-je alors prévoir cet affreux caractere,
Qui de mes plus beaux jours corrompra la douceur,
Et m'offre l'avenir ſans l'eſpoir du bonheur ?
Hélas ! j'ignorois tout, & l'amour & moi-même,
Cette douce ignorance étoit mon bien ſuprême.
La raiſon vint trop-tôt me deſſiller les yeux ;
Mon cœur ſut qu'il aimoit & ceſſa d'être heureux.
Il me fallut combattre un penchant trop aimable ;
Le premier vœu du cœur pour moi devint coupable,
Et Terville adoré, de momens en momens,
Mêloit de l'amertume aux plus doux ſentimens.
Combien de fois, ô Ciel ! dans les bals, dans les fêtes,
M'oſa-t-il raconter ſes nouvelles conquêtes !
En croyant me diſtraire, il venoit m'accabler ;
Il rioit... & mes pleurs étoient prêts à couler.
D'après ce libre aveu, vous connoiſſez ma flâme ;
Cachez-en le ſecret dans le fond de votre ame,
Sur-tout à Montbriſſon ; qu'il n'en ſoupçonne rien.
C'eſt trop de mon tourment ſans y joindre le ſien.

Mad. DE VERSEUIL.

Ordonnez... je vous plains ; mais, croyez-moi, Julie,
Ne déſeſpérez pas des ſoins de votre amie.
Terville eſt inquiet, & flotte dans ſes vœux.

Au premier jour offert il ouvrira les yeux.
S'il ofoit perfifter, il feroit trop barbare.

JULIE.

Puifqu'il ne m'aime pas, fe peut-il qu'il répare ?
C'eft lui-même, c'eft lui qui me cherche un époux !
Ce chagrin eft pour moi le plus cruel de tous.
Il va me marier, il le veut ! quel fupplice !
Et d'un fi noir complot Verfeuil eft le complice !
Terville, ah ! Dieu ! prétend qu'il m'époufe aujourd'hui ;
Il croit que je vivrai pour un autre que lui.
Ma fituation eft-elle affez affreufe ?
Aimez-moi, guidez-moi, je fuis bien malheureufe.
Que je hais ce Verfeuil !

Mad. DE VERSEUIL.

        N'en dites point de mal.

JULIE.

Quoi ! de lui qui confent à cet hymen fatal ?

Mad. DE VERSEUIL.

Écoutez : cet hymen ne peut jamais fe faire.

JULIE.

Eft-il vrai ?

Mad. DE VERSEUIL.

J'en réponds.

JULIE.

        Et fur quelle lumiere ?...

Mad. DE VERSEUIL.

Non ; quand tout s'uniroit pour le propofer,

                Jamais

Jamais, jamais Verseuil ne peut vous épouser.
Je suis dans le secret.

JULIE.

Depuis cette assurance,
Je ne le hais plus tant.

Mad. DE VERSEUIL.

Votre haine l'offense.

JULIE.

Il ne peut m'épouser!... Mais, Madame, pourquoi?
Comment?

Mad. DE VERSEUIL.

C'est un mystère entre Verseuil & moi.

JULIE.

Monsieur de Montbrisson sera-t-il en colere?
Je me sacrifierois, plutôt que lui déplaire;
Je l'aime tant!

Mad. DE VERSEUIL.

Non, non : Monsieur de Montbrisson
Cédera.... comme un autre, il entendra raison.

JULIE.

Par vous seule mon cœur veut se laisser conduire.
Mais, si Verseuil s'obstine....

Mad. DE VERSEUIL *riant*.

On saura le réduire.

JULIE.

Et Terville? ah! jamais....

Mad. DE VERSEUIL.

C'est ce qu'il faudra voir.

E

Ayez plus de courage, & sur-tout plus d'espoir.
Terville . . . .

JULIE.

Mais, Madame, il me vient une idée,
Qui trouble tout-à-coup mon ame intimidée.
Terville vous regarde & vous parle souvent :
Si . . . .

Mad. DE VERSEUIL.

Je vous jure encor qu'il n'est pas mon Amant.

JULIE.

Mais vous jurez toujours; faut-il toujours vous croire?

Mad. DE VERSEUIL.

Comment ? vous le devez ; il y va de ma gloire.
A son retour vers vous, moi, j'irois m'opposer !
Verseuil, je vous l'ai dit, ne peut vous épouser,
Et rien, (c'est une énigme encor plus difficile,)
Ne peut, j'en fais serment, me faire aimer Terville.

JULIE (à Mad. de Verseuil qui rêve.)

Je ne vous conçois pas . . .! Mais à quoi songez-vous?

Mad. DE VERSEUIL.

Ceci vaut qu'on y pense.

JULIE.

Ah ! Madame !

Mad. DE VERSEUIL

Entre nous . . .

(*A elle-même.*)

Un Amant raisonneur est une étrange chose :

L'effet est ridicule, & ressemble à la cause.
   (*A Julie.*)
Vous sentez-vous dans l'ame un peu de fermeté?

JULIE.

Contre lui ?

Mad. DE VERSEUIL.

   Quoi ! déjà de la timidité ?

JULIE.

Madame, expliquez-vous ?

Mad. DE VERSEUIL.

            Il faut feindre, Julie,
D'aimer.... même Verseuil; il le faut.

JULIE.

                De ma vie
Je n'y consentirai. Songez donc quel tourment!....
Je ne connois point l'art de feindre un sentiment.

Mad. DE VERSEUIL.

Je me charge du crime : en un mot, je l'exige,
Moi, je n'ai point pitié d'un cœur qui vous afflige.
Puis-je compter sur vous ?

JULIE.

              Je ne pourrai jamais.
D'ailleurs que servira ?....

Mad. DE VERSEUIL.

            Vous le saurez après.

JULIE.

Je crains trop.

E ij

Mad. DE VERSEUIL.

Il faut bien obéir à son guide.

JULIE.

Mais . . . .

Mad. DE VERSEUIL.

Je sers votre amour.

JULIE (*en souriant.*)

L'amitié me décide.

Mad. DE VERSEUIL.

Ferme ! Verseuil approche, essayez-vous toujours.
Composez devant lui votre air & vos discours.

JULIE.

Secondez-moi du moins : un mot peut me confondre,
Et de moi-même encor je n'ose vous répondre.

SCENE IV.

LES MÊMES; VERSEUIL.

Mad. DE VERSEUIL (*à Verseuil.*)

Enfin, à quand l'hymen ? Va-t-il encor traîner ?
Julie est, à la fin, tout prête à signer.
Vous devez lui trouver un maintien moins sévere,
Plus enjoué, plus libre . . . . on aspire à vous plaire.

VERSEUIL (*embarrassé.*)

Mettez-moi donc au fait . . . je ne sai pas . . . hé bien . . . .

Mad. DE VERSEUIL.

Quoi ! Monsieur, vous voilà déconcerté pour rien ?

Vous n'êtes point aimé, soyez, soyez tranquille.
(*A demi-voix , & sans être entendue de Julie.*)
Il ne s'agit ici que de tromper Terville,
Et j'ai besoin de vous ....il faut sonder ses vœux.
(*A Julie.*)
Allons , de la gaieté ?

JULIE.
Je fais ce que je peux.
VERSEUIL.
Hé bien , dites, voyons....
Mad. DE VERSEUIL.
Terville vous marie ;
Soyez donc plein d'ardeur en parlant à Julie.
(*A part à Verseuil.*)
Voilà l'essentiel ... oui, des transports , des soins.
VERSEUIL.
Ah ! j'entends ... vous voulez ...
Mad. DE VERSEUIL. (*haut.*)
Prenez-y garde au moins ?
JULIE.
Mais que dites-vous donc ?
Mad. DE VERSEUIL.
C'est encore un mystere.
Je trompe...il doit m'aider, & vous, nous laisser faire.
On vient , l'air empressé ... c'est Terville.
JULIE (*dont Verseuil baise la main avec transport.*)
En effet.

Lui-même.

SCENE V.
LES MEMES; TERVILLE.

TERVILLE (*s'arrêtant au fond du théâtre.*)

Tout s'arrange, à ce qu'il me paroît.
Julie est, ce me semble, un peu moins inhumaine.
(*Haut & avec une joie contrainte.*)
Je rends grace vraiment au hazard qui m'amene ;
L'instant est bien choisi : quand on doit être époux,
Tout veut que l'on se livre à des transports si doux.
(*A Verseuil.*)
Vous l'avez donc enfin décidée ?

VERSEUIL.

Oui, Terville ;
C'est ce que tu voulois ? dis . . . .

Mad. DE VERSEUIL.

Demande inutile,
Tant de plaisir revient à l'Auteur d'un bienfait !
Comme l'on doit sourire à l'heureux qu'on a fait !

JULIE.

Monsieur doit ressentir le bonheur qu'il procure.

TERVILLE.

Ma joie est concentrée, & n'en est pas moins pure.

Mad. DE VERSEUIL.

Il faudra, s'il vous plaît, ne pas vous éloigner.
On vous appellera.

TERVILLE.
Pourquoi donc ?

Mad. DE VERSEUIL.
Pour figner.

TERVILLE (*avec trouble.*)
Pour figner !... je fuis prêt.

VERSEUIL.
Oui, c'eft moi qui t'en prie.

Mad. DE VERSEUIL.
Vous fignerez, Monfieur, comme ami de Julie.

TERVILLE (*à part.*)
Comme ami !

Mad. DE VERSEUIL (*à Terville.*)
Convenez, vous, homme à fentiment,
Que leur hymen vous offre un fpectacle charmant...
Vous qui favez aimer, vous du moins qui le dites,
Vous devez ....

TERVILLE (*toujours avec contrainte.*)
Admirer des flâmes fi fubites ?
(*regardant Julie qu'il furprend dans la rêverie.*)
Je les admire auffi .... Julie a l'air très-gai.

JULIE (*fe remettant.*)
Oh ! je ne montre pas tout le plaifir que j'ai.

VERSEUIL.
Il y prend part.

Mad. DE VERSEUIL.
(*A Verfeuil.*)
Monfieur, treve aux difcours frivoles.

E iv

Le tems fuit, il échappe & se perd en paroles.
Venez chez Montbrisson, & pressons un moment;
Qu'aussi bien que Terville, on desire ardemment.
> (*Verseuil donne la main à Julie.*)

TERVILLE *l'arrétant.*

Mademoiselle, un mot.

VERSEUIL *l'emmenant.*

> Sui-nous pour l'en instruire.

TERVILLE *la retenant.*

Non, je voudrois ici . . . .

M. & Mad. de Verseuil, en s'éloignant, encouragent
Julie par des signes.

JULIE *revenant.*

> Qu'avez-vous à me dire ?

SCENE VI.

JULIE, TERVILLE.

TERVILLE *avec l'expression du simple intérêt.*

Combien je suis heureux ! j'ai fait votre bonheur.
Mais pourquoi cachiez-vous le fond de votre cœur ?
Vous ne traitiez Verseuil qu'avec indifférence,
Et . . . . cela m'affligeoit.

JULIE.

> La raison, la décence,
M'empêchoient de parler : discrette, à mes dépens,
Je savois renfermer mes secrets sentimens.

Je me suis quelquefois imposé ce supplice ;
Ce n'est point là , Monsieur, mon premier sacrifice ;
Mais enfin , à risquer l'aveu que j'avois fui ,
L'aveu de Montbrisson m'autorise aujourd'hui.

TERVILLE.

Votre ame est donc enfin satisfaite ?

JULIE.

Oh ! ravie ! …
C'est vous qui répandez ce charme sur ma vie :
Mais… quoi qu'enfin je doive à vos soins obligeans ,
Quelle rage avez-vous de marier les gens ?
Vous croyez-vous le seul que l'hymen intimide ?

TERVILLE.

Il n'a rien d'effrayant , quand l'amour y préside.
Le Comte est jeune.

JULIE.

Après ?

TERVILLE.

Il est riche.

JULIE.

Ah ! fort bien.
Et si pour moi, Monsieur, tout cela n'étoit rien ;
Si, redoutant un cœur trop sensible & trop tendre ,
Je m'étois condamnée à ne jamais dépendre ,
Ne conviendrez-vous pas que vos soins indiscrets
Me livreroient alors à d'éternels regrets ?

TERVILLE.

J'aurois pu ! …

JULIE.

(*A part.*)   (*haut & très-vivement.*)
Qu'ai-je dit ? vous n'avez rien à craindre.
Mon bonheur est visible, & c'est trop le contraindre.
Je suis reconnoissante.... eh ! ne le dois-je pas ?
J'aime mes bienfaiteurs, & je hais les ingrats.

TERVILLE.

Souvent on l'est bien moins que l'on ne paroît l'être.
Souvent... mais votre choix se fait enfin connoître,
Et le Comte.... j'approuve un pareil sentiment.
Cet hymen vous convient..Oui, Verseuil est charmant.

JULIE.

Je n'ai garde, Monsieur, d'oser vous en dédire.

TERVILLE.

Moi, je dois le louer.

JULIE.

                Moi, je dois y souscrire.

TERVILLE.

Vous l'aimez, n'est-ce pas ?

JULIE.

                Puisqu'il m'est destiné ...

TERVILLE.

Votre cœur, je le vois, est très-déterminé.

JULIE.

(*A part.*)   (*haut.*)
Qu'il m'en coûte ! oui, Monsieur.

TERVILLE.

                Je vous en félicite.

Verseuil . . . .

JULIE (*à part.*)

Ciel ! cachons lui le trouble qui m'agite.

(*Haut.*)

Je le dois à vos soins, vous me l'avez donné,
Mon destin pourroit-il n'être pas fortuné ?

(*A part, & se détournant.*)

Le cruel ! il le croit . . . .

TERVILLE.

Eh bien , Mademoiselle ,
Je vais presser moi-même une fête si belle.

(*Il va pour sortir & revient.*)

JULIE.

(*A part.*)   (*A Terville.*)

Je tremble . . . où suis-je ? eh bien, qui peut vous retenir ?

TERVILLE.

J'allois hâter l'instant où l'on doit vous unir,
Et de votre Tuteur dissiper les alarmes.
Cet hymen . . . .

JULIE *avec une joie affectée.*

Vous voyez qu'il a pour moi des charmes.

Avec chaleur & fermeté.

Heureuse , mille fois , celle qui peut, Monsieur,
S'abandonner sans crainte à l'attrait de son cœur,
S'enorgueillir des vœux, du nom de ce qu'elle aime,
S'applaudir & s'aimer dans un autre soi-même,
Lui devoir son état, ses sentimens, ses mœurs,
Partager ses plaisirs, consoler ses malheurs ;

Dans ses yeux attendris lire sa destinée ;
Exister dans lui seul, à lui seul enchaînée ;
Chérir ces doux liens qu'on se plaît à serrer,
Et ne regretter qu'eux, au moment d'expirer !
Terville...infortuné ! qui croyez être un sage,
D'un nœud, formé par vous, telle est pour moi l'image.
Vous ; insultez aux soins de deux cœurs bien unis ;
Par ces soins mutuels, croyez qu'ils sont punis ;
Embrassez une erreur que je ne puis comprendre ;
Dans un monde brillant cherchez à la répandre :
Peu jaloux du repos, amoureux des succès,
Effleurez le bonheur, sans l'obtenir jamais.
Que vous importe une ame où la vôtre jouisse,
Qui soupire avec vous, avec vous s'attendrisse ?...
Soyez libre, cédez à de vagues desirs ;
Mais...puisse aucun remords ne troubler vos plaisirs !
Moi, je vous devrai tout, je vous en remercie...
Que vous avez bien lu dans le cœur de Julie !

SCENE VII.

TERVILLE *seul, avec la plus grande sensibilité.*

Elle s'explique enfin,...elle a donné son cœur !
C'est un autre que moi qui fera son bonheur !
Son bonheur ! je sens trop combien il m'intéresse...
Mais, elle aime Verseuil ; Verseuil a sa tendresse.
Quant à lui.....je puis bien répondre de ses feux.
Le moyen de la voir, sans en être amoureux !

Sa simplicité même est son art de séduire . . . .
L'amour sur elle encor n'avoit eu nul empire . . . .
Et même je doutois que son cœur sût aimer.
Je croyois . . . . pour Verseuil, elle a pu s'enflammer !
Sitôt ! oui, c'en est fait : rien ne m'est plus contraire.
Pour me tranquilliser, il falloit qu'il sut plaire . . . .
Il plaît ! . . . j'en suis ravi . . . félicitons-nous bien
De voir qu'en s'enchaînant elle aime son lien.
Que dis-je ? Soyons vrai. Suis-je heureux ? . . . ah ! Julie . . .
Mais chassons cette idée, où ma raison s'oublie.

SCENE VIII.

TERVILLE, NERINE.

NERINE.

Où tous les gens sont-ils ? Picard ! Germon ! Lafleur !

TERVILLE.

D'où vient donc cet effroi ?

NERINE.

Vous le saurez, Monsieur.
On trembleroit à moins ; l'alarme est assez vive.
Un vieil écervelé dans ce moment arrive ;
Saingérans est son nom : à peine descendu,
Vers l'endroit où j'étois il a vîte accouru.
Je me tranquillisois ; oisive & solitaire,
Je goûtois le plaisir de n'avoir rien à faire.

Le voilà qui m'obſerve.

TERVILLE.

Oh ! vraiment, je le croi.

NERINE.

Sa lorgnette à la main , il rode autour de moi :
Je veux fuir .... il me ſuit ; ſon air me déconcerte ;
La peſte ! quel vieillard , & comme il eſt alerte !
Dieu ! c'eſt lui ! je me ſauve ....

(Saingérans en entrant voit fuir Nérine ; il la ſuit des
yeux , & la lorgne juſques dans la couliſſe.)

SCENE IX.

SAINGERANS, TERVILLE.

SAINGERANS.

On n'eſt point au Sallon :
On a cherché par-tout Julie & Montbriſſon.
Ah ! Terville, bon jour. Cette terre eſt fort belle ;
Mais c'eſt un vrai déſert. Que la poſte eſt cruelle !..
Je ſuis tout eſſoufflé.

Il tombe ſur un ſiége.

TERVILLE *riant.*

Je ne vous vis jamais
L'air plus délibéré, ſur-tout un teint plus frais.

SAINGERANS.

Vous trouvez ! ... il eſt vrai ; mon aſthme a lâché priſe.

TERVILLE.

En effet, on voit bien qu'il n'eſt plus dans ſa criſe.

SAINGERANS.

Non. Je n'étouffe plus que ſix heures par jour.

TERVILLE.

Vous devez être encor formidable en amour !

SAINGERANS.

Tel que vous me voyez, je vaudrois la jeuneſſe ;
Mais ce chien de mal-là m'ôte un peu de vîteſſe :
Je le mâte pourtant avec un train réglé,
Du maraſquin, du punch, & du vin d'Auvilé.
Je fais le libertin, & cela vous étonne :
Mais, c'eſt, je vous aſſure, un air que je me donne ;
Car je me range enfin.

TERVILLE.

Oui !

SAINGERANS.

Très-décidément.
Je vais prendre un parti.

TERVILLE.

Raiſonnable ?

SAINGERANS.

Et décent ;
Il faut trancher le mot . . . . je permets qu'on en rie ;
Tout m'y force ; je ſens de la mélancolie,
Des vapeurs ſombres.

TERVILLE.

Vous ! ce diſcours vous ſied bien !

SAINGERANS.

D'honneur, je suis confus de ne tenir à rien.

TERVILLE.

De ne tenir à rien ! si tout échappe, on s'aime ;
On rit du genre humain , & l'on tient à soi-même.

SAINGERANS.

Oh ! l'amour-propre s'use.

TERVILLE.
                              Y songez-vous ?

SAINGERANS.
                                              Ma foi;
Je suis assez souvent au plus mal avec moi.

TERVILLE.

Eh ! d'où vous viennent donc ces ténébreux caprices ?
Je vous vois très-fêté.

SAINGERANS *se frottant les mains.*
                          Par fois, dans les coulisses ;
A titre d'Amateur.

TERVILLE.
                      Ailleurs encor.

SAINGERANS.
                                          Mais, oui ;
Je vais dormir le soir chez quelque ancien ami.
A la société je suis toujours fidele ;
Et, comme vous voyez , j'ai des égards pour elle.

TERVILLE.

Ne vous plaignez donc pas ; soyez gai ; tenez bon.
La vieillesse d'un Sage est sa belle saison.

SAINGERANS.

SAINGERANS.

Propos. Je n'y crois pas ; & vous, pas davantage.
On sent mieux la fatigue à la fin du voyage.
Envain je me dissipe & j'ai recours à l'art :
La nature se venge, & je m'en plains trop tard.
Je ne fais plus ma cour.

TERVILLE.

Ces regrets là sont minces.

SAINGERANS.

On ne me voit plus guere aux soupers de nos Princes ;
Mon Docteur m'interdit la chasse avec le Roi ;
Je n'ai point de crédit, n'ayant aucun emploi.
J'ai beau parler, conter, disputer à merveille,
Et voir le lendemain ceux que j'ai vus la veille,
Nul retour, pas un soin. C'est dégoût sur dégoût.
L'expérience afflige & le tems corrompt tout.
Vous le saurez trop-tôt. Quant au train de la vie
Que l'on sait... vient un âge où tout cela s'oublie ;
Et j'en enrage, au moins... car, Dieu-merci, tous deux,
Nous sommes, n'est-ce pas, tant soit peu vicieux ?
Mais le comble des maux, c'est dans mon domestique.
Chez moi, pas un Valet qui ne soit despotique.
On me vole, on me pille, on me battroit, je croi,
Sans un vieil Intendant qui se fâche pour moi.
Ces inconvéniens ont dessillé ma vue ;
Ma liberté me pese, & mon bonheur me tue.
On ne nous entend pas.

F

TERVILLE.

Quelle précaution !

SAINGERANS.

Tenez, le mariage à quelque chose est bon.
C'est un meuble amusant qu'une femme jolie ;
On l'obstine, elle gronde, & cela désennuie.

TERVILLE *qui a paru surpris pendant*
le couplet de Saingérans.

Plaisantez-vous

SAINGERANS.

Moi ! non.

TERVILLE *avec chaleur & assez de légéreté.*

Vous marier ? ô Ciel !
Et qui peut vous donner un conseil si cruel ?
Qui ! vous du célibat, le soutien & l'Apôtre,
Vous allez sous le joug vous ranger comme un autre ;
Sur le plus noble état déchaîner le brocard ?
On bâille chez sa femme, aussi bien qu'autre part.
Serez-vous plus heureux d'avoir une coquette
Qui rira d'un Vieillard dormant à sa toilette ;
Aura des soupers fins d'où vous serez exclus ;
Des amis, qui bien-tôt ne vous salueront plus,
Et, vous tenant pour mort, feront vœu dans leur ame,
Du vivant de Monsieur, de consoler Madame ?
Quant au pillage, eh ! mais, où vous embarquez-vous ?
Votre nouveau projet, vous dis-je, est des plus fous.
Le train d'une maison, les fêtes, l'étiquette,
Le jeu, que sais-je enfin ?...Oh ! l'épargne est complette.

Le luxe est à tel point, qu'une femme à présent
Pourroit-vous ruiner ... en économisant !

SAINGERANS.

Soit ; j'en ferai l'essai : mais, allons, je vous prie,
Pour me distraire un peu, joindre la Compagnie ;
On fera sûrement enchanté de me voir.

TERVILLE.

Peut-être.

SAINGÉRANS.

Pourquoi donc ?

TERVILLE.

Vous voyez tout en noir.

SAINGÉRANS.

J'ai, dans ce moment-ci, le projet d'être aimable.

TERVILLE (*à part*)

Oh ! nous sommes perdus.

SAINGÉRANS.

Un objet adorable !...

TERVILLE.

Quel est donc cet objet auquel vous prétendez ?

SAINGÉRANS.

Vous saurez le détail que vous me demandez :
C'est trop me retenir, je crains votre éloquence.

TERVILLE.

Verseuil est dans ces lieux.

SAINGERANS.

Je le savois d'avance.

F ij

TERVILLE.

Pour une grande affaire.

SAINGÉRANS.

Oui, oui, je suis au fait.
Il est dissimulé, mais je sai son secret.
(*hésitant sur le nom.*)
Vous l'allez marier, tant mieux... c'est à Julie.
De certaine Marquise, elle est, dit-on, l'amie ;
Bon incident pour moi ! c'est que... Mais sans façon,
Je vous quitte, & je vais saluer Montbrisson.

TERVILLE *le retenant.*

Un mot. Cette Marquise est, dit-on, très-volage.

SAINGERANS.

Oui ?... je la fixerai.

TERVILLE.

J'en doute.

SAINGERANS.

Je le gage.
Auriez-vous, par hazard, quelques mauvais desseins,
De ces desirs sournois, de ces vœux clandestins ?
Voudriez-vous, mettant mon amour à l'épreuve,
En mariant la fille, en conter à la veuve ?

TERVILLE.

Comment !

SAINGERANS.

C'est un minois... hem ! piquant n'est-ce pas ?
Moi, j'ai toujours été pour les goûts délicats.

TERVILLE.

Reste à la décider.

SAINGERANS.

Ce sera mon affaire.
Finissons : je m'arrête au moment qu'il faut plaire :
J'y cours.

TERVILLE.

Bon : mais songez, malgré tout ce beau feu,
Que Verseuil, pour conclure, attendoit votre aveu.

Fin du troisieme Acte.

ACTE IV.

SCENE PREMIERE.

MONTBRISSON, Mad. DE VERSEUIL.

MONTBRISSON *très-gaiement.*

Eh bien, nous l'emportons; &, grace à votre zèle,
Verseuil est, je le vois, assez bien avec elle :
Vîte, il faut les unir.

Mad. DE VERSEUIL *à part.*

Allons, autre embarras !
A moins de me trahir, je n'en sortirai pas.

MONTBRISSON.

J'entrevois à présent d'où venoit son silence ;
C'étoit timidité, plutôt qu'indifférence.

Mad. DE VERSEUIL *avec inquiétude.*

Je ne sais … mais Verseuil…. il auroit à son tour
A vous prier.

MONTBRISSON *très-vivement.*

Je vais couronner son amour.
Notre vieux fou consent, & vraiment il me semble,
Que tout ce qu'il nous faut, son neveu le rassemble ;
Les mœurs, l'âge, l'état.

Mad. DE VERSEUIL *très-embarrassée.*

Les mœurs, l'âge... oui, fort bien.
Mais Julie......

MONTBRISSON.

On ramene un cœur comme le sien ;
Doux, honnête, empressé, Verseuil saura lui plaire.

Mad. DE VERSEUIL *l'interrompant.*

Elle voudroir peut-être un aveu de son pere,
C'est ce qui la retient.

MONTBRISSON.

Calmez cette frayeur.
Tenez, je crois enfin lire au fond de son cœur,
Je m'en flatte du moins ; elle pense sans doute
Qu'elle va me quitter, voilà ce qui lui coûte ;
Mais, avec un seul mot, je puis la rassurer ;
Je vais l'unir au Comte, & non m'en séparer.

Mad. DE VERSEUIL.

L'unir au Comte ?

MONTBRISSON.

Eh ! oui.... cette même journée,
Je veux de cet enfant fixer la destinée.
Verseuil balance-t-il ? Cela seroit plaisant.
Voyons, qu'est-ce qui peut arrêter à présent ?

Mad. DE VERSEUIL.

Presque rien. Et pourtant, s'il faut être sincere,
Je crois... que ce rien là fera manquer l'affaire.

MONTBRISSON.

Allons donc, vous riez : je vous charge de tout.

Mad. DE VERSEUIL.

Un tel soin, franchement, n'eſt pas fort de mon goût.

MONTBRISSON.

Plus que jamais, pourtant, la démarche eſt aiſée.

Mad. DE VERSEUIL.

A marier, Verſeuil, je ſuis peu diſpoſée.

MONTBRISSON.

Cet hymen va tout ſeul, & m'ôte de ſouci.
Je l'approuve, il me plaît, il doit vous plaire auſſi.
On m'attend… j'oubliois que Saingérans me preſſe ;
Malgré moi je diffère & tiens mal ma promeſſe.
Julie en ce moment emporte tous mes vœux.
Ce n'eſt que ſon bonheur qui peut me rendre heureux.
Périſſe l'ame froide, inſenſible & ſtérile ,
Que n'enflâma jamais le plaiſir d'être utile !

SCENE II.

Mad. DE VERSEUIL *seul.*

MA situation est étrange vraiment !
Parler est un péril ; me taire, est un tourment.
Je compromets Verseuil en rompant le silence,
Et c'est, en le gardant, Montbrisson que j'offense ;
Ce maudit Saingérans ! il a de la raison
Pour la premiere fois ! . . . elle est hors de saison.
Et, jusques à ce jour, ardent Célibataire,
Il fait cas de l'hymen, dès qu'il nous est contraire !
Terville maintenant est mon unique espoir.
Des feux qu'il dissimule, essayons le pouvoir.
Irritons son amour, piquons sa jalousie :
Il aime . . . qu'il épouse & qu'il cede à Julie.

SCENE III.

Mad. DE VERSEUIL, TERVILLE.

Mad. DE VERSEUIL.

VOUS paroissez troublé !

TERVILLE.
Je le suis en effet.

Mad. DE VERSEUIL.

Eh ! pourquoi ?

TERVILLE.

Savez-vous ce que Verseuil a fait.

Mad. DE VERSEUIL.

Voyons : vous m'effrayez.

TERVILLE.

               Quelle tête légere !
Et vous viendrez encor vanter son caractere !
Montbrisson, moi, vous-même, il nous compromet tous.
On sait que de Julie il doit être l'époux ;
Montbrisson le veut bien, son Oncle le desire,
Ici, dans cet espoir, mon amitié l'attire,
Par votre empressement vous secondez nos vœux,
Et Monsieur, m'a-t-on dit, rompt soudain tous ces nœuds
S'il craignoit une chaîne, il falloit donc le dire . . . .
J'ai cru voir des rapports . . . le motif qui m'inspire . . .
Par exemple, en mille ans, moi qui connois vos goûts,
Je ne vous l'aurois pas destiné pour époux ;
Il n'existe, entre vous, rien qui soit compatible.

Mad. DE VERSEUIL.

Vraiment ?

TERVILLE.

         J'ai là-dessus le coup d'œil infaillible ;
Mais Julie & Verseuil . . . .

Mad. DE VERSEUIL *très-vivement.*

            Qu'est-ce que vous contez ?

On débite une fable, & vous la répétez !
Fiez-vous à mes yeux, fiez-vous à mon zèle,
Et croyez qu'à Julie on n'eſt pas infidele.
Verſeuil n'eſt point changé, l'hymen ira ſon train.

T E R V I L L E *après un inſtant de ſilence.*

A la bonne heure donc !

Mad. D E V E R S E U I L.

Soyez en très-certain.

T E R V I L L E.

La plainte étoit fondée.

Mad. D E V E R S E U I L.

Et le motif frivole.
Mais, vous vous déſoliez, & moi, je vous conſole.

T E R V I L L E.

Il va donc l'épouſer ? au gré de mon deſir.....

Mad. D E V E R S E U I L.

Votre amitié; ce ſoir, en aura le plaiſir.

T E R V I L L E (*ſe contraignant.*)

Fort bien ! cette aſſurance appaiſe ma colere....
La fête... eſt pour ce ſoir.

Mad. D E V E R S E U I L.

Pour vous on l'accélere.
Il faut bien vous calmer ; mais, le meilleur de tout,
C'eſt que Julie, enfin, pour Verſeuil a du goût,

Un goût très-décidé ; cette ame si paisible,
Ou, qui me sembloit telle, est, je crois, fort sensible.

TERVILLE.

C'est ce qui m'a paru.

Mad. DE VERSEUIL *observant Terville.*

Vous n'en doutez plus ?

TERVILLE (*l'observant à son tour.*)

Non.

Mad. DE VERSEUIL.

Le Comte, par bonheur, l'a mise à la raison.

TERVILLE *avec inquiétude.*

Que vous en dit Julie ?

Mad. DE VERSEUIL.

Elle en parle sans cesse.

TERVILLE.

Avec gaiété ?

Mad. DE VERSEUIL.

Comment ! dites avec tendresse.

TERVILLE *tâchant de cacher son trouble.*

Mon Dieu ! très-volontiers : ajoutons seulement
Qu'un amour aussi vif est venu brusquement.

Mad. DE VERSEUIL.

Tenez, sur l'heure encor, je louois la tournure
De son esprit, son ton, sa douceur, sa figure,
Et même, j'en conviens, j'exagérois un peu.

Eh bien , à mes difcours elle a joint fon aveu.
TERVILLE.
Amerveille !
Mad. DE VERSEUIL.
Et d'un mot ne m'a pas démentie.
TERVILLE.
Le Comte trouve en vous une excellente amie.
Mad. DE VERSEUIL.
Bon ! que dites-vous là ? C'eft vous qui le premier
Formâtes le doux nœud dont il va fe lier.
C'eft à vous qu'il le doit? Qu'avez-vous donc Terville,
Pour vous tranquillifer , quoi? tout eft inutile ?
Vous avez des foupçons , dont je détruis l'effet ;
Vous me femblez plus calme , & le trouble renaît !
Du trouble ! à quel propos ! partageant votre envie,
Dans la tête, je n'ai que l'hymen de Julie ;
Car nous fentons pour elle une égale amitié ,
Et votre cœur encor n'eft content qu'à moitié !
Pour Julie, on diroit que vous gardez dans l'ame
Des reftes mal éteints d'une amoureufe flâme....
Mais , écoutez-moi donc avec moins d'embarras,
Puifqu'enfin il eft clair que vous ne l'aimez pas.
TERVILLE.
Quand un autre à fa main a le droit de prétendre,
Oui , j'irois, n'eft-ce pas , m'avifer d'être tendre ?
Tout ce qu'un zèle vrai peut infpirer de foins ,
Vous, mon Oncle & Verfeuil, vous en êtes témoins,
Je m'y foumets pour elle , & je le dois peut-être.

Sans doute il faut l'aimer, quand on sait la connoître.
Vouloir ce qui lui plaît est habitude en moi ;
Je ne pourrois prévoir son malheur sans effroi.
Si j'osois m'enchaîner , j'aurois brigué ses chaînes,
Partagé ses plaisirs, & ressenti ses peines.
Quant à l'amour…oui, oui, j'ai su m'en préserver,
Et je suis maintenant bien sûr de le braver.
On ne peut se méprendre au motif qui m'anime ,
Et vous ne doutez pas qu'il ne soit légitime.
Je m'en flatte du moins : j'ai banni pour jamais ,
Ces feux , nés dans le trouble & suivis des regrets.
C'est … c'est comme une sœur que je chéris Julie ;
Je serai trop content de l'avoir pour amie.

Mad. DE VERSEUIL.

Eh ! mais, pour ses appas n'étant point enflammé,
Vous êtes trop heureux de n'être point aimé.

TERVILLE.

Je sens…

Mad. DE VERSEUIL.

   Si vous l'étiez, vous seriez trop coupable;
Et votre entêtement seroit inexcusable.
Concevez à quel point il deviendroit cruel !
Figurez-vous alors le désespoir mortel,
Les tourmens inouis d'une amante égarée ,
De tout ce qu'elle adore à jamais séparée.
Combien je vous plaindrois !

TERVILLE.

    Oui, Marquise, en effet ,

Ce seroit pour mon ame un éternel regret.
Ce reproche toujours viendroit troubler ma vie,
Et je dois…m'applaudir des froideurs de Julie.
Je vous dirai bien plus : lorsqu'un moment d'erreu
M'a flatté quelquefois d'avoir touché son cœur,
J'hésitois, je tremblois, je me craignois moi-même,
J'avois un air … cet air, que l'on a quand on aime;
Mon doute a disparu , me voilà rassuré ;
Son penchant pour Verseuil m'est assez démontré.…
Ce Verseuil est heureux ! avouez-le , Madame.

Mad. DE VERSEUIL.

Mais.…

TERVILLE (*avec un dépit contraint.*)

Tout lui réussit … il regne sur son ame,
On l'aime !…il le mérite !..il conviendra du moins,
Comme vous le difiez, qu'il la doit à mes soins …
Vous m'avez secondé , j'aurois tort de me plaindre.
Sûr d'être indifférent, je n'ai plus rien à craindre ;
Allons … je jouirai , moi, qui fais leurs destins,
En voyant que Julie aura des jours sereins.
Ce vœu de l'amitié n'est point un vœu stérile.…
Vous voyez maintenant que mon cœur est tranquille;
J'ai su l'accoutumer à disposer de soi,
Et le bonheur d'autrui n'est point perdu pour moi.

Mad. DE VERSEUIL.

Que j'aime ce transport ! il peint une ame honnête.
(*A part*)
Le cœur est bon : mais reste à réformer la tête.

TERVILLE.

Pensez-vous que Verseuil ?...

Mad. DE VERSEUIL *riant.*

Oh ! brisons là dessus ....

(*Après un silence.*)

De votre amour pour moi vous ne me parlez plus.

TERVILLE *lui baisant la main.*

L'aveu fut indiscret.

Mad. DE VERSEUIL.

L'amour imaginaire.

TERVILLE.

Moi ! je n'aurois pas eu le desir de vous plaire ?

Mad. DE VERSEUIL (*gaiement.*)

Rassurez-vous, j'y crois ; on vient.

———————

SCENE IV.

JULIE ; LES MÊMES.

JULIE (*à Mad. de Verseuil.*)

AH ! vous voici ?

Mad. DE VERSEUIL *à Terville.*

Demeurez.

JULIE *à Mad. de Verseuil.*

J'espérois vous trouver seule ici.

Mad. DE VERSEUIL *à Terville.*

N'êtes-vous pas charmé ? Quel enjouement !...

JULIE.

J U L I E.

Madame,
C'eſt plus que de la joie : oui, liſez dans mon ame.
Mon pere !.. quel bonheur m'attendoit aujourd'hui !
Je viens de recevoir une lettre de lui.
J'en ai baiſé cent fois les ſacrés caracteres ;
De mon attachement les marques lui ſont cheres ;
Mon ſouvenir, dit-il, adoucit tous ſes maux,
Puiſſé-je de mes jours racheter ſes travaux !
Pourquoi faut-il, hélas ! contraignant ma tendreſſe,
Conſumer loin de lui mon oiſive jeuneſſe ;
Sur des bords étrangers le laiſſer ſans ſoutien,
Et, quand je lui dois tout, ne m'acquitter de rien ?
Mon cœur le cherche au moins ; dans ſon impatience,
Des climats qu'il habite il franchit la diſtance :
Je le vois, je l'entends, je lui peins mes regrets ....
Eh ! qu'eſt-ce que des pleurs pour payer ſes bienfaits ?

T E R V I L L E *à part.*

Quelle ame !

Mad. DE VERSEUIL.

Embraſſez-moi. Vous m'avez attendrie.
(*En regardant Terville.*)
Pour le coup à Verſeuil, il faut porter envie !

T E R V I L L E.

Mademoiſelle, ainſi la nature & l'amour
Semblent d'accord tous deux pour vous faire un beau jour
Ici Julie & Mad. de Verſeuil ont un jeu muet
entre elles.
Votre hymen, je le vois, va bientôt ſe conclure,

G

Il sembloit incertain, mais Saingérans l'assure.

JULIE.

De ce vieux Monsieur là nous avions bien besoin !

Mad. DE VERSEUIL.

Je voudrois, comme vous, le voir déjà très-loin.
Tous ses propos galans n'ont point l'art de me plaire.

JULIE.

Sa gaieté m'étourdit.

Mad. DE VERSEUIL.

Son ton me désespere.
Quand il fait ses récits, il nous faut déserter.

JULIE.

Quand il parle d'amour, il le fait détester.

TERVILLE.

Toutes deux contre lui ! quelle en est donc la cause !

JULIE à Mad. de Verseuil.

De son séjour ici craignez-vous quelque chose ?

Mad. DE VERSEUIL.

Si je crains !

JULIE.

Contre vous que peut-il proposer ?

Mad. DE VERSEUIL.

Vous ne savez donc pas qu'il vient pour m'épouser ?

SCENE V.

LES MÊMES ; SAINGÉRANS , VERSEUIL
(parlant avec action dans le fond du théâtre.)

(Ils ont tous l'air consterné excepté Saingérans.)

SAINGÉRANS *(avec impatience.)*

Plus de délai, te dis-je ; un tel hymen m'enchante.
(A Julie en riant.)
Est-ce parler cela ? Vous voilà bien contente.

JULIE *s'éloignant , & allant s'asseoir à un métier de*
tapisserie.

Monsieur !....

SAINGÉRANS.
Quelle pudeur !

Mad. DE VERSEUIL.
Allons donc ; finissez :
Ne voyez-vous pas bien que vous l'embarrassez ?

SAINGÉRANS.
Avec quelque autre ici la leçon seroit bonne ;
Mais, moi, je n'ai jamais embarrassé personne.

VERSEUIL *à part & avec humeur.*
Vraiment, il y paroît !

SAINGÉRANS.
C'est un de mes talens.

Dans la société , je vais , je viens , j'entends ;
Je me gliſſe à travers toutes les aventures ,
Et vois tout , ſans rien voir … Ce ſont là mes allures.
Auſſi , c'eſt pour cela , (je dis la vérité ,)
Que par-tout , comme ici , je ſuis fort bien traité.
(*A Mad. de Verſeuil qui l'écoute d'un air diſtrait*
& impatient.)
Ah çà ! répondez net à ce que je propoſe.
On dit que je ſuis vieux , il en eſt quelque choſe ;
Mais enfin , je ſuis riche , en dédommagements ;
Tenez , vous êtes veuve & le ſeriez long-tems ,
Vous avez peu de bien ; joignez-y ma fortune :
Une maiſon doit plaire , & vous en tiendrez une ,
Où vous vivrez , ma foi , comme il vous conviendra ;
Sous vos prodigues mains l'or y circulera.
Je ne ſuis point gênant : ſans que rien me déplaiſe ,
Vous jouerez , jaſerez , rirez tout à votre aiſe :
Je reviendrai le ſoir … pour cauſer ſeulement ,
Puis , je me ſauverai ſans aucun compliment.
(*Il touſſe.*)

Mad. DE VERSEUIL.

Qu'eſt-ce donc ?

SAINGERANS.

Ce n'eſt rien.

TERVILLE *à Mad. de Verſeuil.*

Cette vie eſt tentante.

SAINGERANS.

La peinture en eſt vive.

Mad. DE VERSEUIL.
             Et vraiment féduifante.
SAINGERANS.
Allons, décidez-vous, acceptez le marché ;
Il n'eft pas fi mauvais : loin d'en être fâché,
Verfeuil, demandez-lui, brûle, au fond de fon ame,
D'applaudir à mon choix, & de vous voir ma femme.
TERVILLE.
Mais . . . . votre toux !
SAINGERANS.
             Paix donc.
VERSEUIL.
                      Mais votre afthme !
SAINGERANS.
                                Tais-toi.
Je fais ce qu'il me faut, & j'aurai foin de moi :
L'amour me guérira.
Mad. DE VERSEUIL.
                Je n'y tiens plus : Julie,
Voici, pour nous parler, l'heure qu'on a choifie.
JULIE (s'approchant.)
Ne perdons point de tems.
SAINGÉRANS.
                      Je ne vous quitte pas.
Mad. DE VERSEUIL.
De grace.
SAINGERANS.
Parbleu, non. Je m'attache à vos pas ;
                      G iij

Se mettant entre elles deux & leur donnant la main.
Vous m'en voudriez trop. Les petits foins!..Mefdames ;
C'eft avec ces rien-là que l'on féduit les femmes.

Ils fortent.

SCENE VI.

TERVILLE, VERSEUIL.

VERSEUIL *à part.*

Nous voilà feuls, ofons ; profitons du moment,
Et faifons le rougir de fon aveuglement.

TERVILLE.

Où donc, Monfieur le Comte, eft la galanterie?
Quoi ! fans l'accompagner, laiffer fortir Julie !
Comment vous reconnoître à ce procédé-là !

VERSEUIL.

La campagne permet & fouffre tout cela.
Julie eft indulgente.

TERVILLE.

Extrêmement ! . . . au refte . . .

VERSEUIL.

Ecoute, point d'humeur ; c'eft pour toi que je refte.

TERVILLE.

Seroit-ce auffi pour moi qu'on vous a vu foudain
Eloigner un hymen qui fembloit fi prochain ?

VERSEUIL.

J'ai tort. Mais, les soucis, les tourmens du ménage,
Les maux qui, selon toi, suivent le mariage....

TERVILLE.

L'hymen peut, par hazard, assembler deux heureux.
J'ai cru que ce hazard vous regardoit tous deux ;
J'ai cru voir entre vous certaine sympathie,
Qui sembloit m'assurer le bonheur de Julie.
L'aurois-je donc risqué, moi, Monsieur (j'en conviens)
Qui donnerois mes jours pour embellir les siens.
On vous offre des soins, on presse, on sollicite,
Et d'un zèle si vrai voilà quelle est la suite !...
Rien n'est plus sérieux, je vous en avertis.
Monsieur le Comte, on tient ce que l'on a promis.

VERSEUIL *gaiement.*

Je ne m'alarme pas ; j'ai de quoi te confondre.
Je t'embarrasserois, si je voulois répondre.

TERVILLE.

Répondez.

VERSEUIL.

Tu le veux ?

TERVILLE.

Je l'exige.

VERSEUIL *toujours gaiement.*

Entre nous,
Des maris que tu fais, je te crois fort jaloux....

TERVILLE.

Vous êtes clairvoyant : moi, de la jalousie !

G iv

Sans en être jaloux, on peut chérir Julie.
Ce soupçon est plaisant.

VERSEUIL.

Ce courroux singulier.

Je ris.

TERVILLE.

Peut-être aussi veux-je me marier?

VERSEUIL.

Que sait-on?

TERVILLE.

Poursuivez.

VERSEUIL.

Tout, jusqu'à ta colere,
Dépose contre toi, te condamne & m'éclaire.

TERVILLE.

Et sur quoi, s'il vous plaît? expliquez vous donc mieux.

VERSEUIL du ton le plus sensible.

Ah! c'en est trop enfin.... Terville, ouvre les yeux.
Je ne plaisante plus; ton intérêt l'emporte.
On doit plaindre l'erreur, mais la tienne est trop forte;
Je t'y dois arracher. Gênant tes propres vœux,
Tu prétends au bonheur, & te rends malheureux!
Tremble; si tu ne l'es, tu le seras sans doute.
C'est l'avenir, sur-tout, que pour toi je redoute.
Une sorte d'orgueil, un faux & triste honneur
Jette, pour le moment, un voile sur ton cœur;
Le sentiment s'y cache & ne peut s'y détruire:
Mais quand il va renaître, il fera ton martyre.

Tu te trouveras seul, inquiet, accablé,
Errant, toujours à plaindre & jamais consolé.
Eh! ne te vante point d'avoir un caractere.
Crois-tu que c'en soit un d'être Célibataire?
Pur écart de l'esprit, abus de la raison,
Préparant les ennuis de l'arriere saison.
Laisse ton ame aller où son attrait la mene.
Pourquoi contrarier le penchant qui l'entraîne?
Que ce jour à Julie unisse mon destin,
Ton cœur désabusé peut me haïr demain.
L'aspect de mon bonheur deviendra ton supplice:
Aigri par tes chagrins, tu m'en croiras complice;
Et pleureras bientôt, sage mal affermi,
Le présent qu'à regret tu fais à ton ami.

TERVILLE (*après un moment de trouble.*)

Vous ne me vaincrez point, votre éloquence est vaine;
S'il en coûte à mon cœur, je suffis à ma peine; . . .
Vous; n'en suivez pas moins, docile à vos penchans,
La trace fraîche encor des premiers sentimens.
Tant que vous le pourrez, prolongez leur ivresse,
Et ce tumulte heureux de l'aveugle jeunesse;
Je l'ai connu, chéri . . . le calme est arrivé,
Et, sur-tout aujourd'hui, je crois l'avoir prouvé.
De mes réflexions je n'ai pas été maître.
C'est un tort, si l'on veut; c'est un malheur peut-être,
C'est ce qu'il vous plaira; mais j'y tiens, j'y tiendrai.
Je me suis fait des loix, & je les remplirai.

VERSEUIL.

(Après un silence.)

Aux dépens du bonheur!..je vous laisse à vous-même.
Bon par instinct, craignez d'être dur par système.
Il en est tems encor. Ce cœur trop fortuné,
Va vous remettre un bien qui vous fut destiné…
Prononcez ; de votre ame écoutez le murmure.
La raison peut tromper, mais jamais la nature.
Laissant de vains calculs, ne suivez que ses loix ;
Aimez, soyez heureux, & rentrez dans vos droits.

Verseuil lui serre la main, & le quitte avec l'air de l'intérêt.

SCENE VII.

TERVILLE *seul & très-agité.*

Je n'ai rien à répondre ; il a lu dans mon ame.
Il y voit mes combats & l'amour qui m'enflâme.
L'amour, est-il bien vrai ? j'aime, je suis jaloux ?
J'aime Julie, ô Ciel ! & lui donne un époux !
Je veux, pour me sauver de ma propre foiblesse,
Moi-même, à mon rival marier ma maîtresse !
Oui … mon bonheur dépend de cet effort cruel.
L'amour est passager, l'hymen est éternel :
Mais Julie est si belle !… eh bien! fuyons ses charmes.
Peut-être, eu m'en privant, je m'épargne des larmes :

Après un moment de réflexion.
La sensibilité, par son impression,
Détruiroit-elle en moi ce qu'a fait la raison ?
L'homme ne peut-il donc former une entreprise ?
Et qu'est-ce que l'esprit, quand le cœur le maîtrise ?
De contraires desirs tour-à-tour agité,
Sans cesse loin de moi je me sens emporté.
Je veux, & ne veux plus ; je crains ce que j'exige,
Et fais tout . . . pour hâter un hymen qui m'afflige.
Je souffre, & j'en rougis . . . qui me l'eut dit, qu'un jour
Tout le plan de ma vie échoueroit par l'amour ?
Oui, j'aime avec fureur. Quel trouble, quelle guerre,
Quand c'est l'ame qui lutte avec le caractere !
　　　Du ton le plus décidé.
Lui seul doit triompher . . . rien ne me changera.

SCENE VIII.

TERVILLE, LAFLEUR *qui est entré sur la fin du monologue.*

TERVILLE.

Eh bien ? quel soin t'amene, & que faisois-tu là ?

LAFLEUR.

Monsieur peut deviner l'objet de ma visite.

TERVILLE.

Dépêche : allons.

LAFLEUR.

Souffrez … l'occafion invite !…

TERVILLE.

De quoi donc s'agit-il ?

LAFLEUR.

Mais de l'hymen prochain,
De Julie aujourd'hui Verfeuil reçoit la main.

TERVILLE.

Aujourd'hui !

LAFLEUR.

Dans ces lieux il n'eft bruit d'autre chofe ;
(*En tremblant.*)

Et c'eft vous, Monfieur, qui… permettez donc que j'ofe
Franchir le même pas à fon exemple.

TERVILLE (*furieux.*)

Non.

Non, Monfieur le coquin ; vous refterez garçon.
Il fort & Lafleur fuit.

Fin du quatrieme Acte.

ACTE V.

SCENE PREMIERE.

NERINE, LAFLEUR, *l'air consterné.*

LAFLEUR.

Oui, la nôce est au diable, il n'est plus d'espérance,
Il me met de moitié dans son indépendance,
Et, comme il parle haut, il m'a déterminé,
C'est fait ; au célibat me voilà condamné.

NERINE *après un silence.*

Tu peux en revenir, & malgré moi j'espere ;
Car l'hymen de Verseuil n'a pas l'air de se faire.
Julie est renfermée, elle est seule, elle écrit,
Montbrisson est rêveur, Saingérans perd l'esprit.
Il se démene, il jure, on se regarde, on cause,
On va... ce mouvement cache encor quelque chose.

LAFLEUR.

Quoi qu'il en soit, mon maître, au milieu du fracas,
Est fixe en ses vouloirs, il n'en démordra pas.
Et voilà ce que c'est que la philosophie !
J'en suis pour mon amour.

NERINE.

Ainsi donc, pour la vie,
Tu renonces à moi ?

LAFLEUR.

Ne va pas m'attendrir.

NERINE.

Mais . . . .

LAFLEUR.

Respecte mon plan, & songe à m'aguérir.

NERINE.

Ton plan est de m'aimer, laisse-là ta folie.
D'abord le Célibat est mon antipathie,
Je n'en vois pas le fin. N'avons-nous pas un cœur ?
A quoi pensai-je aussi d'aimer Monsieur Lafleur ?
Un esprit fort ?

LAFLEUR.

Mais oui.

NERINE.

Je ris de ta grimace :
Çà, point de tems perdu : voyons ce qui se passe,
Et défais-toi, sur-tout, de tes airs importans.
Si tu n'oses parler, observe, écoute, entends.
L'état d'incertitude est un état funeste ;
Et, par ce que je sais, on peut savoir le reste.

*Saingérans & Terville entrent ; Lafleur montre
   Nérine à son Maître qui le repousse avec humeur.
   Les Valets sortent.*

SCENE II.

SAINGERANS, TERVILLE.

SAINGERANS (*furieux.*)

Le moyen de s'attendre à ces accidens-là ?
Je suis bien avancé… les neveux ! les voilà !
Moi ! qui la croyois veuve !

TERVILLE.
Expliquez-vous.

SAINGERANS.
Le traître !

TERVILLE.
Qui donc ?

SAINGERANS.
Qui ? qui ? Verseuil.

TERVILLE.
J'apprends à le connoître.
Son hymen avançoit, il paroissoit conclu,
Et Monsieur s'y refuse après l'avoir voulu ;

SAINGERANS.
Quoi ! quel hymen ?

TERVILLE.
Eh ! mais, vous le savez de reste.

SAINGERANS.
Et vous ne savez rien ; la chose est manifeste,

Dans ces secrets, enfin, soyez initié.
Depuis plus de six mois Verseuil est marié.

TERVILLE.

Lui ! quel conte ! à qui donc ?

SAINGERANS.

J'en enrage dans l'ame.
A celle justement que je voulois pour femme...
A la veuve.

TERVILLE.

Propos !

SAINGERANS.

Oui : propos est fort bon.

TERVILLE.

Vous ne plaisantez pas ?

SAINGERANS.

Eh ! non, vous dis-je, non.

TERVILLE.

Quoi!comment?..& Verseuil m'en a fait un mystere?

SAINGERANS.

Vous êtes seul, dit-il, coupable en cette affaire.
Votre indiscrétion malgré lui l'engagea ;
Fort bien ! vous mariez ceux qui le sont déja.

TERVILLE (*avec l'expression du regret.*)

Verseuil est marié ! qu'ai-je fait ? & Julie...
Et son amour trompé qui peut troubler sa vie !
Ce qu'elle aime, est hélas ! dans un autre lien !
Quel tourment pour son cœur ! quel remords pour le mien
Verseuil est marié ! je n'y puis rien comprendre...

Et

Et, sans vous emporter, vous avez pu l'apprendre!

SAINGERANS.

Je ne dis point cela. J'ai crié, j'ai tonné,
Et puis, le pathétique.... & puis, j'ai pardonné.

TERVILLE.

Ah ! contre mon bonheur je vois que tout conspire.

SAINGERANS.

Contre le mien plutôt.

TERVILLE (*troublé.*)
                    Voyons : qu'aurai-je à dire ?
Quand Montbrisson ....

SAINGERANS.
                    Bel embarras, vraiment !
Parbleu, vous conterez le fait tout simplement.

TERVILLE.

Saingérans, écoutez : prenons un parti sage.
On peut, si vous voulez, casser ce mariage.

SAINGERANS.

Le casse qui voudra : car, s'il faut parler net,
Je crois, au fond du cœur, que Verseuil a bien fait ;
Et je veux, pour mon compte, imiter sa folie.

TERVILLE (*avec humeur.*)
Vous ! encor ?

SAINGERANS.
                    Mon espoir se rabat sur Julie.
Vous, qui savez si bien faire épouser les gens,
Je compte, mon très-cher, sur vos soins diligens.

H

Ce choix vaut encor mieux pour moi que la Marquiſe.
Ma tendreſſe en ces nœuds ſera moins compromiſe :
Quand d'un premier époux on regrette le ton,
Un autre perd ſouvent à la comparaiſon.
Et ....

TERVILLE (*toujours avec humeur.*)

Les vapeurs d'hymen à coup ſûr vous égarent.

SAINGERANS.

Point du tout, & mes feux aujourd'hui ſe déclarent.

TERVILLE.

Mais vous extravaguez ... laiſſez-là ce projet.

SAINGERANS.

Je n'extravague point, & ſuivrai mon objet.

TERVILLE (*avec encore plus de vivacité.*)

Il vous échappera ... vous y ſerez ſenſible,
Et ce qui n'eſt qu'un jeu vous deviendra pénible.
Au tems plus fort que nous il faut ſavoir céder,
Et renoncer aux droits qu'on ne peut plus garder.

SAINGERANS.

Le tems, toujours le tems ! treve à ce verbiage.
Que vous importe à vous, paiſible perſonnage,
A vous, beau raiſonneur ?

(Il touſſe.)

TERVILLE.

Modérez ce courroux.
Vous voyez, la colere allume encor la toux.

SAINGERANS (*tombant sur un siege avec l'air*
oppreſſé.

Ah ! ne me parlez point d'un vieux Célibataire :
Tout s'en détache enfin, & rien ne lui proſpere.
Si j'avois une femme, un état, des enfans,
Je prétendrois encore à quelques doux inſtans.
Raſſemblant près de moi tout ce que le cœur aime,
Je ferois des heureux, je le ferois moi-même,
Et n'irois point au loin, dans mes triſtes loiſirs,
Mendier mon bonheur & quelques faux plaiſirs.
L'abandon, les rebuts, la vague inquiétude,
Et cette noire humeur qui ſuit la ſolitude,
Oui ; voilà, tôt ou tard, les profits d'un garçon :
J'en crois l'expérience, &… plus que la raiſon.
Même ſort vous attend ; un jour viendra, je gage,
Où vous ſerez bien ſot d'avoir été ſi ſage.

T E R V I L L E (*avec chaleur.*)

Ce jour ne viendra point. Secret rare & plaiſant !
Rendre heureux l'avenir par les maux du préſent !
Vous avez de l'humeur & l'humeur exagere.
En quoi donc, juſte ciel ! l'hymen peut-il vous plaire ?
Loin de les affoiblir, il accroît nos malheurs.
Pour échapper au ſort, pour tromper ſes rigueurs,
Il ne faut point ſur nous lui donner trop de priſe ;
Seul, on pare ſes coups, ou bien, on les mépriſe ;
Mais, aux fers que je crains s'eſt-on abandonné,
C'eſt doublement alors qu'on eſt infortuné.

H ij

SAINGERANS (*en colere.*)

Pourquoi donc à Verseuil destiniez-vous Julie?

TERVILLE.

Chacun a sa morale & suit sa fantaisie ;
La sienne est pour l'hymen; on peut le présumer,
D'après les nœuds secrets qu'il lui plut de former.
Mais, vous, homme de sens.

SAINGERANS.

                      Tout ceci me déroute.

Mes principes par là sont dérangés sans doute.
Oh! ma foi, ce n'est pas l'instant d'y revenir.
Il me faut une femme, & je veux l'obtenir.
Dans ce ferme dessein, vous m'aiderez, j'espere ;
Et, si je n'obtiens rien si le sort m'est contraire,
Le public en dira morbleu ce qu'il voudra....
Mais, il ne dira rien, & tout réussira.

TERVILLE.

Adieu. Chez Montbrisson voudrez-vous bien m'attendr

SAINGERANS.

Volontiers... aussi bien... il s'agit de s'entendre.

SCENE III.

SAINGERANS (*seul.*)

Il se trouble aisément l'honnête Montbrisson ;
Je saurai le calmer ; car, j'ai cela de bon,

Tout s'arrange avec moi. Sa pupille s'avance ;
Difpofons-la…Du cœur j'ai quelque intelligence…

SCENE IV.

JULIE, SAINGERANS.

SAINGERANS.

Vous rêvez, bel enfant !

JULIE (*une lettre à la main.*)

Eh ! quoi ? c'eft vous, Monfieur,
Je ne vous voyois pas, & vous m'avez fait peur.

SAINGERANS.

Oui-dà ; raffurez-vous & comptez fur mon zele.
L'ardeur de vous fervir eft affez naturelle.
Hem ! vous en convenez ? moi, j'en conviens auffi.
Tout exprès pour cela, le fort m'amene ici,
Et votre cœur, d'après ce que je me propofe,
Aux révolutions gagnera quelque chofe.
Je vais tout préparer, je le veux & j'y cours.
Oh ! je ne prétends pas vous effrayer toujours,
Et…fuffit…vous verrez que l'on peut encor plaire.
  (*A part.*)
Elle eft parbleu jolie, & c'eft bien mon affaire.
                        (*Il fort.*)

SCENE V.
JULIE (*seule.*)

QUE dit-il? Que veut-il? Rien pour moi n'est changé,
On m'évite, on se tait, & ce cœur affligé....
Pour tromper ma douleur, la Marquise a beau faire ;
Au reproche, aux tourmens, rien ne peut me souftraire,
Et j'ai pu feindre! ô ciel...je sens mes pleurs couler,
Quand Montbriflon saura... je n'ose lui parler,
Et ce billet funefte, arrofé de mes larmes,
Va d'un si trifte aveu m'épargner les alarmes.
Bienfaiteur adoré, souffre ces vœux cruels!...
Le quitter! moi! pour prix de ses foins paternels!
Toujours, comme fa fille, il aima fa pupille.
Voudrois-je, en l'affligeant, reffembler à Terville ?
Malheureufe ! quel nom m'échappe malgré moi ?
Le charme qu'il m'infpire augmente mon effroi.
Terville! ah! Dieu! l'ingrat!..combien je l'aime encore?
Ah ! mourons , loin de lui, d'un chagrin qu'il ignore,
S'il le favoit...peut-être ... où fuis-je ! qu'ai-je dit?..
Avant de l'envoyer, relifons cet écrit.

    Elle relit la lettre qu'elle tenoit en entrant.

SCENE VI.

MONTBRISSON, JULIE.

MONTBRISSON, *sans voir Julie & sans en être vu.*

De Verseuil que j'estime, & qui m'avoit su plaire,
A peine je conçois la démarche légere.
Que dis-je ? il n'est pour rien dans un pareil projet ;
Lui-même en a souffert, & Terville a tout fait.
Mon neveu devient fou.

JULIE (*l'appercevant.*)
Ciel! Montbrisson !

MONTBRISSON.
Julie,
Qu'est-ce que vous lisiez ?

JULIE.
Monsieur....

MONTBRISSON.
Mais, mon amie,
Vos larmes ont coulé.

JULIE (*à part.*)
Souffrez... Quel entretien !

MONTBRISSON.
Vous ne m'aimez donc plus ? Vous ne me dites rien !..
Quel chagrin avez-vous ?

H iv

JULIE (*voulant se retirer.*)
Si vous daigniez permettre . . . .

MONTBRISSON.
Non : demeurez . . . .

JULIE.
Hélas !

MONTBRISSON.
Quelle est donc cette lettre ?
A qui s'adresse-t-elle ?

JULIE (*troublée.*)
A vous.

MONTBRISSON.
A moi ! donnez.

JULIE.
Je ne puis.

MONTBRISSON (*saisissant la lettre.*)
Je le veux.

JULIE (*se jettant à ses genoux.*)
Ah ! Monsieur, pardonnez.
La grace que du moins j'implore avec instance,
C'est que vous voudrez bien la lire en mon absence.

MONTBRISSON.
Tout ce que tu voudras ; oui, je te le promets.

JULIE *serrant & baisant la main de Montbrisson.*
Je vais . . . .

MONTBRISSON.
Julie !

JULIE.

Adieu.....vous faurez mes fecrets.

SCENE VII.

MONTBRISSON *feul lifant la lettre de Julie.*

» Un cloître va cacher mon infortune affreufe.
» Je ne puis plus, Monfieur, jouir de vos bienfaits ;
» Mais au fond de mon cœur ils ne mourront jamais.
» Puiffe finir bientôt une vie odieufe !
» Terville ... (je rougis d'avoir pu le nommer),
» Votre neveu, Terville.... il a fu me charmer ;
» Je vous avouerai tout, votre ame eft généreufe ;
» Je l'aime; & vous favez que, lorfqu'on peut l'aimer,
» Il faut vivre coupable, ou mourir malheureufe ».

MONTBRISSON.

Qu'ai-je lu ! Dieu ! mes pleurs inondent ce papier.
    Il appelle. Un laquais vient.
Quelqu'un?... cherchez Terville, il faut me l'envoyer.
    (*feul.*)
Quel malheureux travers ! en voilà donc la fuite !
Julie ! ah ! dans quel piege un ingrat t'a conduite !
Touchante vérité, répands fur mes difcours,
Ce charme impérieux qui défarme toujours ;
Eclaire mon neveu, laiffe-le fans défenfe !
Il entendra ta voix, c'eft ma feule éloquence.

SCENE VIII.

MONTBRISSON, TERVILLE.

MONTBRISSON *l'air ému.*

Terville!

TERVILLE.

Je sais tout … vos sens sont agités?

MONTBRISSON.

Ils le sont, il est vrai.

TERVILLE.

C'est Verseuil . . . .

MONTBRISSON.

Ecoutez.
Je dois sur vous encor, tout m'y force & m'en presse,
Essayer aujourd'hui les droits de ma tendresse.

TERVILLE.

Quoi !

MONTBRISSON *lui saisissant la main.*

Tenez-vous toujours au funeste parti
Où vous étiez fixé?

TERVILLE.

Laissons.

MONTBRISSON.

Répondez.

TERVILLE.
Oui.

Je veux agir, penser, sentir à ma maniere.

Enfin… vivre pour moi… d'où vient votre colere ?

MONTBRISSON (*avec indignation.*)

Où donc as-tu puisé ces principes affreux,

Garants d'un esprit faux & d'un cœur malheureux ?

Moi ; toujours moi ! quel mot ! quelle philosophie !

Quels hommes as-tu vus ? Telle est donc la manie

De ces sophistes vains, ces adroits imposteurs,

De la société hardis législateurs,

Qui, d'orgueil enivrés, feignent, dans leurs systêmes,

D'aimer le genre humain, pour n'aimer rien qu'eux-mêmes ;

Dont l'aride sagesse en impose aujourd'hui,

Et qui n'ont su jamais exister dans autrui ?

Voilà de leur morale ! apprends que l'Egoïste

Est, & sera toujours le mortel le plus triste,

Sur-tout le plus cruel… Dis, dis, quel est son frein ?

TERVILLE.

L'honneur.

MONTBRISSON *l'interrompant vivement.*
C'est un grand mot dont il s'étaie en vain.

Nomme-moi ses rapports ; en a-t-il ? il végete

Dans un monde étranger où le hazard le jette.

Que fait-il à l'armée, au barreau, dans ses champs ?

Il glace ses amis, révolte ses parens ;

Sa vie est un scandale, & sa mort salutaire

N'enleve, en le frappant, qu'une charge à la terre.

D'un repentir tardif épargne-toi l'affront :
Regarde Saingérans, ses regrets t'instruiront.
Souffrant, abandonné, martyr de son systême,
Son inutilité l'épouvante lui-même....
Crains un tel sort, rougis de languir sans lien,
Reprends l'esprit, les vœux, le cœur d'un citoyen.

TERVILLE.

Citoyen ? je le suis. Pour l'hymen, je le brave;
J'ai la prétention de n'être point esclave.

MONTBRISSON.

Tu l'es de ton systême & de ton préjugé.
Va, c'est le même effet, le nom seul est changé.

TERVILLE.

Le mariage ainsi vous semble un joug utile?

MONTBRISSON.

Il produit peu de mal; des biens, il en fait mille.

TERVILLE.

C'en est trop ! regardez, c'est tout ce que je veux.
Sur la société jettez enfin les yeux.
Considérez, Monsieur, les malheurs qu'il entraîne.
Combien d'infortunés ont pleuré sur sa chaîne !
Voyez de tous côtés les scandaleux éclats,
(Je ne dis rien des maux que l'on n'apperçoit pas.)
Quels motifs parmi nous reglent les mariages ?
L'orgueil, l'intérêt vil, quelques vains avantages;
Et qu'attendre d'un cœur, s'engageant sans attrait,
Dans un âge, où promettre est...au moins indiscret.
Dans ces arrangemens si froids, si légitimes,

Nous sommes, tour-à-tour, oppresseurs & victimes.
Delà, tant de Beautés que l'on voue aux douleurs,
Qui perdent leur jeunesse, & vont perdre leurs mœurs;
Les enfans égarés par l'exemple des peres,
Les regrets, le désordre & l'opprobre des meres,
Les maris bafoués, & même par des sots,
Des noms d'époux traînés dans tous les Tribunaux,
La femme qu'on accable après l'avoir vendue,
Et que la loi renferme après l'avoir perdue :
Celle qui, d'un jaloux redoutant l'œil vengeur,
Craint jusqu'à sa pensée, & l'enferme en son cœur;
Celle enfin qui, suivant un charme involontaire,
Cherche confusément l'objet qui doit lui plaire.
Voyez quelle est la fin même des plus prudens,
Des séparations au bout de quarante ans,
Mille soucis secrets, d'éternelles alarmes,
Les affronts, le mépris, le malheur & les larmes....
Voilà pourtant, voilà l'effet le plus commun
D'un nœud souvent horrible, & toujours importun.

MONTBRISSON.

Eh bien ! à qui s'en prendre ? à ces hommes volages,
Corrupteurs déguisés sous le titre de sages,
Qui, détachés de tout, n'ont que des vœux distraits,
Pensent, pensent toujours, & ne sentent jamais,
Egarent la beauté trop simple & trop crédule,
Lui peignent le devoir des traits du ridicule,
Se font de la tromper un honneur inhumain,
Et s'emparent du cœur, quand un autre à la main;
A ces fourbes brillans, qui, fiers & sûrs de nuire,

Sans ame pour aimer, ont un art pour séduire,
Et, vainqueurs plus ingrats qu'ils ne furent heureux,
Ne laissent que les pleurs & la honte après eux ?
Telle & telle en ont fait les funestes épreuves :
Mais des exceptions ne font jamais des preuves.
Vois, pour quelques abus, à l'hymen reprochés,
Sous son voile, combien d'avantages cachés !
La naïve beauté que pare la décence,
Dans le sein du bonheur gardant son innocence ;
L'échange pur des cœurs, les mutuels desirs,
Douce communauté des soins & des plaisirs,
Fidele épanchement des larmes solitaires,
Sacrifices touchans & toujours volontaires ;
Les caresses d'un fils, ses jeux & ses progrès,
Et l'espoir de renaître en de vivans portraits. . . .
Voilà quel fut un tems mon fortuné partage ;
Voilà de mon hymen l'attendrissante image.
Que parles-tu de bruit, de scandaleux éclats ?
Paisible & recueilli, le bonheur n'en fait pas ;
Combien j'en ai joui ! comme les destinées,
En rapides instans, faisoient fuir mes années !

TERVILLE.

Oui, vous fûtes heureux, je le sais, je le croi ;
Mais, ce bonheur passé parle aujourd'hui pour moi.
Où font-ils ces transports, ces touchans sacrifices,
D'un lien qui n'est plus passageres délices ?
Que vous en reste-t-il ?

MONTBRISSON *avec le cri de la douleur.*

Il eſt vrai, je perdis
Tout ce qui me fut cher, mon épouſe & mon fils:
Mais j'aime mieux ces pleurs, ce ſouvenir ſi tendre,
Ces tributs douloureux que je dois à leur cendre;
Tous ces déchiremens d'un cœur bien pénétré,
Revolant vers le bien qu'il avoit adoré;
Oui, je les aime mieux que le bonheur frivole
D'un cœur que rien n'émeut, & que l'orgueil iſole.
La nature a des maux qu'il faut ſavoir chérir.
La peine qu'elle cauſe eſt encore un plaiſir.

TERVILLE.

Beau preſtige!....

MONTBRISSON.

Ah! barbare! entre ſous la chaumiere
Où vit l'infortuné qui laboure la terre,
Expiant notre luxe, exiſtant pour ſouffrir,
Environné d'enfans, qu'à peine il peut nourrir.
Sous le prétexte faux d'une pitié cruelle,
Arrache de ſon ſein ſa compagne fidelle,
Qui l'aide chaque jour par des efforts nouveaux;
Et dont l'amour au moins l'encourage aux travaux...
Ses cris te répondront; tu verras ſes alarmes.
L'œil ardent de fureur & noyé dans les larmes,
Il te diſputera ce malheureux tréſor,
Que tu voudrois hélas! qu'on lui ravît encor,
Et, ſuccombant toi-même à ſa juſte colere,
Tu connoîtras le cœur d'un époux & d'un pere....

Tu reftes interdit ! mon cher Terville, eh ! quoi ?
Des tableaux auffi vrais ne peuvent rien fur toi ?
   (*Après un filence.*)
Je faurai t'accabler, je faurai te confondre.

TERVILLE.

Jamais, & puifqu'il faut. . . .

MONTBRISSON.

                 Attends pour me répondre.
Voyons : que dirois-tu, fi ta funefte erreur
Condamnoit à la honte, & livroit au malheur
Un être intéreffant, doux, fenfible, eftimable,
Un objet vertueux, que tu rendrois coupable,
Qui rougiroit toujours, loin de toi retenu,
De prononcer ton nom, & de t'avoir connu ;
Qui verroit dans les pleurs s'éclipfer fa jeuneffe,
Détefteroit fon fort, maudiroit fa tendreffe,
Voudroit fuir tes regards, loin de toi s'exiler,
Et que tu n'aurois plus l'efpoir de confoler ?

TERVILLE (*avec la plus grande agitation.*)

Qu'ofez-vous fuppofer ? ah ! c'eft moi, c'eft moi-même
Qui veux fuir, qui frémis de mon défordre extrême...
Apprenez mes tourmens, & concevez les tous !
J'immole avec regret le penchant le plus doux ;
J'excite mon courage, & chaque effort me bleffe ;
Même en la furmontant, je chéris ma foibleffe. . . .
Oui, j'adore Julie, &, dans ce trifte jour,
C'eft l'effroi d'un lien qui m'arrache à l'amour.

MONTBRISON

MONTBRISSON (*avec indignation.*)

Qu'entens-je ! & tu pouvois !.. & ton horrible zele...
Tu crois peut-être encor qu'un autre est aimé d'elle ?

TERVILLE.

Ciel ! & c'est sur ma foi que son cœur s'est livré.

MONTBRISSON.

C'en est trop !

TERVILLE.

Je crains tout.

MONTBRISSON.

Tu crains d'être éclairé.
Conviens-en ; sors enfin d'une erreur volontaire.

TERVILLE.

Je sais, Monsieur, je sais ce qu'il me reste à faire ,
Et je vais....

MONTBRISSON.

Demeurez....

TERVILLE.

Je n'écoute plus rien.

MONTBRISSON.

Détruis donc à la fois ton bonheur & le mien.

TERVILLE.

Je connois mes devoirs....

MONTBRISSON.

Non , ton cœur les oublie.

TERVILLE.

Je pars , mais mon amour laisse un pere à Julie.

I

MONTBRISSON *lui donnant la lettre de*
Julie.

Hé bien ! pars, pars, mais lis.

TERVILLE *prenant la lettre & y jettant les yeux.*

                      Est-il vrai ! . . juftes Cieux !

  (*Il lit.*)   (*Il lit.*)

Un cloître… je frémis … Terville … ah malheureux !

  (*Il lit.*)

Il a fu me charmer … votre ame eft généreufe …
   D'une voix étouffée.

Il faut vivre coupable … ou mourir malheureufe.

MONTBRISSON.

Terville ! …

TERVILLE.

Laiffez-moi . . . . .

MONTBRISSON.

                    Terville !

TERVILLE.

                    O trouble affreux !

MONTBRISSON.

Je triomphe … des pleurs échappent de fes yeux.
Ici entrent Mad. de Verfeuil & Julie qui veut fuir
en voyant Terville.

SCENE IX.

Mad. DE VERSEUIL & JULIE *dans le fond du Théâtre.*

LES MEMES; TERVILLE *sur le devant de la Scène, toujours les yeux attachés sur le billet.*

MONTBRISSON *en appercevant Julie & allant à elle.*

APPROCHE… ne crains rien.

JULIE *résistant.*

Monsieur…

MONTBRISSON.

Sois plus tranquille.

Il regarde la Marquise qui lui indique par un geste que Julie est instruite de tout.

TERVILLE.

C'est elle !

JULIE *s'approchant & jettant un cri.*

Mon billet dans les mains de Terville !

(*à Montbrisson.*) (*Tombant dans les bras de Mad. de Verseuil.*

Vous me trahissiez ! vous ! je n'y survivrai pas.

TERVILLE.

Que vois-je ?

I ij

MONTBRISSON.

Ton ouvrage.

TERVILLE.

Ah ! c'est trop de combats.

Il tombe aux pieds de Julie.

Mon ame déchirée .... Ecoutez-moi , Julie.

MONTBRISSON.

Ciel !

JULIE.

Terville !

Mad. DE VERSEUIL.

A vos pieds.

TERVILLE.

Il vous offre sa vie.

JULIE.

N'est-ce qu'un songe !

TERVILLE.

Non : c'est Terville confus,
Qui fut barbare, hélas !... qui ne le sera plus,
Détrompé par l'amour & par la vertu même,
Terville repentant, qui rougit, qui vous aime,
Qui vous aima toujours : oui , même en vous cédant ,
Je brûlois, malgré moi , du feu le plus ardent.
Jaloux, désespéré, j'idolâtrois vos charmes.
Jugez de mes remords, lorsque j'ai vu vos larmes !
Je renais.... vous venez de me créer un cœur,
Et vous m'avez rendu tous mes droits au bonheur.
Je ne raisonne plus, je suis tout à l'ivresse,

A l'orgueil de vous plaire, aux soins de ma tendreſſe.
Dans des principes faux je m'étois engagé ;
Le ſentiment m'éclaire, & ſeul m'a corrigé.

J U L I E.

Je ne ſais où je ſuis… qu'ai-je entendu ! Madame…
(*A Terville.*)
Ah ! cruel… Dieu ! quel poids eſt de moins ſur mon ame !
A Montbriſſon en ſe jettant dans ſes bras.
Je ſens mieux en ce jour le prix de vos bontés ;
Mon Pere manque ſeul à mes félicités.
Mais quoi ! quel trouble encor ſe mêle à leurs délices ?
(*à Terville.*)
Je veux des retours vrais, & non des ſacrifices.
Si le regret ſuccede à ces vœux du moment,
De mes premiers deſtins j'aime mieux le tourment.
Pour que je ſois à vous, ſoyons tout l'un pour l'autre.
Sentirois-je un bonheur, qui pourroit nuire au vôtre ?

T E R V I L L E (*avec tranſport.*)

Ah ! croyez à l'amour que je vous ai juré ;
Je ne regrette rien que d'avoir différé.

Mad. D E V E R S E U I L *à Julie.*

Il déteſte ſes torts.

J U L I E (*embraſſant Mad. de Verſeuil.*)
Et moi, je les oublie.
Terville retombe aux pieds de Julie, & lui baiſe la
main avec tranſport.

SCENE X.

LES MEMES ; VERSEUIL, SAINGÉRANS, NERINE & LAFLEUR.

SAINGÉRANS *appercevant Terville aux genoux de Julie.*

Bon ! ne voilà-t-il pas qu'il en veut à Julie ?

TERVILLE.

Je l'adore !...

NÉRINE.

Vivat !

MONTBRISSON *serrant son neveu dans ses bras.*

Vien, mon cher neveu, vien.
Redevenu sensible, il ne te manque rien.

TERVILLE *s'approchant en riant de Madame de Verseuil.*

Madame....

Mad. DE VERSEUIL.

Eh ! oui, j'entends.

TERVILLE *à Verseuil.*

Pardonnons l'un à l'autre.

VERSEUIL.

Jouis de ton bonheur.

COMÉDIE. 135

TERVILLE *regardant M. & Mad. de Verseuil.*
Il s'accroît par le vôtre.

SAINGÉRANS.

Je vois, qu'excepté moi, tout le monde est heureux.

NÉRINE.

Rien n'est plus consolant.

TERVILLE *à Lafleur qui s'approche d'un air*
suppliant.

                 Je sais ce que tu veux.
Epouse : j'étois fou, n'imite pas ton Maître.
Dépendant, enchaîné, j'ai du plaisir à l'être.
Je vais tout réparer, & prouver hautement
Qu'on peut être mari, sans cesser d'être amant.

Fin du cinquieme & dernier Acte.

Lu & approuvé ce 1 Septembre 1775. Crebillon.
Vu l'Approbation. Permis d'imprimer ce 2 Septembre 1775.
ALBERT.

ERRATA.

Acte III, Scene I, page 59, c'est Nérine qui doit dire, *mais vraisemblablement*.

Erreur de chiffre.

Au lieu de 67, mettre 65.